AI와 초·중등 교육의 변화

AI총서

인공지능 시대입니다. 기계가 인간의 인지를 대신하고, 사물이 인간을 통하지 않고 다른 사물과 직접 커뮤니케이션합니다. 이에 따른 인간 삶과 문명 변화를 정확히 이해 · 예측 · 대응하는 것은 이 시대 우리 모두의 과제입니다. AI총서는 인공지능 기술과 환경의 여러 주제를 10가지 키워드로 정리합니다. 관련 개념과 이론, 학계와 산업계의 쟁점, 우리 일상의 변화를 다룹니다. 인간과 기술의 현재, 미래를 세심히 분석합니다.

일러두기

- 인명, 작품명, 저서명, 개념어 등은 한글과 함께 괄호 안에 해당 국가의 원어를 병기했습니다.
- 외래어 표기는 현행 어문규정의 외래어표기법을 따랐습니다.

처음이세요?

전문가세요?

AI와 초·중등 교육의 변화

홍옥수

대한민국, 서울, 커뮤니케이션북스, 2025

AI와 초 · 중등 교육의 변화

지은이 홍옥수
펴낸이 박영률

초판 1쇄 펴낸날 2025년 12월 5일

커뮤니케이션북스(주)
출판 등록 2007년 8월 17일 제313-2007-000166호
02880 서울시 성북구 성북로 5-11
전화(02) 7474 001, 팩스(02) 736 5047
commbooks@commbooks.com
www.commbooks.com

ISBN 979-11-430-1538-9 03500

책값은 뒤표지에 표시되어 있습니다.

차례

AI 시대, 초·중등 교육의 길을 묻다

2022년 11월 30일, 오픈AI가 챗GPT를 처음 대중에 공개했을 때 세계는 즉각적인 반응을 보였다. 당시만 해도 인류에게 낯설었던 생성형 AI는 사람들의 질문에 답하고, 글의 초안을 작성하며, 코드를 생성하는 등 전혀 새로운 경험을 제공했다. 단순한 검색 도구가 아니라 함께 사고하면서 대화하는 듯한 소통 방식은 사용자에게 깊은 충격을 주었으며, 출시 2개월 만에 월 사용자 1억 명을 돌파했다. 2025년 8월에는 주간 사용자 수가 7억 명을 넘어섰는데, 이는 전 세계 인구의 약 10%에 해당한다. 생성형 AI는 단순한 편의 기술을 넘어 사고와 학습, 의사소통 방식을 근본적으로 바꾸는 전환점이 되었다.

이 새로운 기술은 교육의 지형도 급격히 변화시키고 있다. 챗GPT가 공개되기 전, 오픈AI의 샘 올트먼(Sam Altman)과 그렉 브로크만(Greg Brockman)은 칸 아카데미의 설립자 살만 칸(Salman Khan)에게 이메일을 보내, 생성형 인공지능이 교육에서 중요한 역할을 할 수 있음을 증명해 보이자고 제안했다(Inside Higher Ed,

2023). 이 제안을 바탕으로 '칸미고(Khanmigo)'라는 AI 학습 보조 시스템이 탄생했다. 챗GPT가 세상에 공개되기도 전, 생성형 인공지능의 가능성을 선도적으로 탐색한 분야가 교육이었다는 점은 시사하는 바가 크다. 이는 인공지능이 단순한 학습 도구를 넘어 교육의 구조와 방식 전반에 깊은 영향을 미칠 것임을 예고한 사건이라 할 수 있다.

사실 인공지능의 교육적 영향력에 대한 논의는 훨씬 이전부터 제기되어 왔다. '제4차 산업혁명'을 전 세계에 화두로 던지며 인공지능을 비롯한 신기술이 산업과 사회 전반을 어떻게 바꿀지 집중적으로 논의했던 2016년 다보스포럼에서는 "미래 일자리 보고서(The Future of Jobs)"가 발표되었다. 이 보고서는 초등학교에 막 입학한 학생의 65%가 현재 존재하지 않는 직업에 종사하게 될 것이라고 전망하면서 교육 시스템의 근본적 재검토를 요구한 바 있다(World Economic Forum, 2016).

저자는 인공지능이 초·중등 교육에 미치는 효과를 직접 현장에서 경험하였다. 2021년 코로나 시기, 국가 주도로 개발된 공교육 최초의 AI 기반 수업 지원 시스템인 '똑똑 수학 탐험대' 플랫폼 개발 연구의 책임자를 맡았는데, 초등 저학년의 수학 학습 결손 문제에 대응하기 위해 개발된 이 플랫폼은 AI 기반 진단과 추천 시스템을 활용했다. 운영 결과, 학업 성취도가 낮은 학생들에게서 뚜렷한 인지적 효과가 나타났으며, 학습에 대한 흥미와 자신감을 높일 수 있음이 확인되었다(홍옥수 외, 2021). 인공지능이 교실에서 일어날 수 있는 결손을 세밀하게 포착하고, 개별 학생에게 맞춤형 학습 경로를 제시하여 학습을 지원할 수 있다는 가능성을 확인한 것이다.

그러나 비판적 성찰 없이 무분별하게 도입된 인공지능은 교육을 변질시킬 수 있다는 우려도 제기되었다. 이에 따라 교사의 전문성이 그 어느 때보다 중요하다는 것이 분명해졌다. 저자는 이러한 문제의식을 바탕으로 2022년부터 인공지능융합교육대학원에서 교사를 대상으로 디자인 싱킹(Design Thinking) 기반의 프로젝트 수업을 설계하고 운영해 왔다. 이 강좌의 목적은 교사들이 실제 수업 현장에서 인공지능을 탐색적으로 활용하면서, 교육의 본질은 무엇인지, 교육 활동의 어떤 부분을 인공지능과 협업할 것인지, 학생의 학습 과정을 어떻게 지원할 것인지, 그리고 데이터의 수집과 활용에 대한 책임은 누구에게 있는지를 스스로 성찰하도록 돕는 데 있었다. 이러한 경험은 새로운 기술을 교육 맥락 속에서 어떻게 조화롭게 통합할 수 있을지를 함께 모색하는 과정이기도 했다.

인공지능의 발전 속도가 워낙 빨라서 앞으로 일어날 모든 변화를 예측하는 것은 불가능하다. 그렇기에 중요한 것은 미래를 단정적으로 예측하는 일이 아니라, 근본적인 질문을 던지고 그 질문을 바탕으로 탐색과 성찰의 과정을 지속하는 일이라 할 수 있다. 이러한 문제의식과 현장 경험이 본서를 집필하게 된 출발점이 되었으며, 저자는 인공지능과 초·중등 교육이 만나는 지점을 열 개의 핵심 주제로 나누어 조망하고자 한다.

이 책은 단선적인 기승전결의 서술이 아니라, 독립적이면서도 상호 긴밀하게 연결된 주제들을 통해 인공지능과 초·중등 교육의 전체 지형을 입체적으로 제시하는 것을 목적으로 집필되었다. 이를 위해 다음의 두 가지 집필 원칙을 세웠다. 첫째, 국제적 논의와 한국의 정책·교육과정·수업 현장을 균형 있게 반영하여 인공지능 교육의 전반적 지형을 조망할 수 있는 주제를 선정한다. 둘째, 교육의 구체적 맥락에서 인공지능 교육의 의미와 과제를 도출하되, 주제가 단계적으로 확장되는 구조로 설계한다.

이에 따라 책의 도입부에 해당하는 1장은 '교육 체제'라는 거시적 틀에서 출발한다. "인공지능을 교육에 도입할 것인가 말 것인가"라는 질문은 더 이상 유효하지 않다. 중요한 것은 언제, 어떻게, 어떤 원칙과 절차를 통해 책임 있게 도입할 것인가다. 이러한 맥락에서 OECD (2023)는 기회(opportunities), 지침(guidelines), 가드레일(guardrails)이라는 세 축이 균형을 이룰 때만 인공지능 교육이 지속 가능하다고 지적하였다. 이에 1장에서는 미국 영국 중국 싱가포르 에스토니아 등 주요국의 정책을 개관하고, 한국이 법, 정책, 교육과정의 정합성을 어떻게 확보하며 대응하고 있는지를 분석한다. 교육 체제에서 논의를 시작하는 이유는, 인공지능 교육이 단순한 교수 · 학습 방법의 변화가 아니라 교육 체제 전반의 구조적 전환을 요구하기 때문이다.

2장과 3장은 인공지능 교육의 핵심 키워드라 할 수 있는 '리터러시'와 '맞춤형 학습'에 집중한다. UNESCO, OECD, EU는 최근 디지털 및 AI 리터러시 프레임워크를 연이어 발표하고 있으며, OECD는 2029년 국제학업성취도평가(PISA)에 '미디어 및 AI 리터러시'를 새로운 평가 영역으로 포함할 계획이다. 이는 AI 리터러시가 단순한 기술 활용 능력을 넘어 비판적 사고, 윤리적 판단, 책임 있는 사용까지 포괄하는 핵심 역량임을 보여 준다. 2장은 이러한 국제 논의를 정리하고 이를 한국 교육과정과 연결해 살펴본다. 3장은 인공지능의 강점이라 할 수 있는 '맞춤형 학습'을 다룬다. 인공지능은 학습 데이터를 정밀하게 분석하고, 개별 학생의 필요를 진단하며, 맞춤형 피드백을 제공함으로써 '완전 학습'이라는 이상을 현실화할 가능성을 열고 있다. 이러한 과정은 학습 격차를 줄이는 데 긍정적 효과를 보여 주지만, 비판적 성찰이 결여될 경우 새로운 의존이나 불평등을 심화시킬 위험도 존재한다. 3장은 맞춤형 학습의 기회와 한계를 균형 있게 조망한다.

4장에서 7장은 인공지능이 초·중등 교육 현장에 가져올 구체적 변화를 다룬다. 4장은 창의성 교육을 살펴본다. 창의성은 오랫동안 교육의 핵심 목표였지만, 인공지능이 아이디어를 대량으로 생산하는 시대에는 "무엇이 인간 고유의 창의성인가"라는 질문이 새롭게 제기된다. 아이디어의 양보다 중요한 것은 문제를 재정의하고, 맥락을 이해하며, 실패와 성찰, 협력의 과정을 통해 새로운 가치를 만들어 내는 과정임을 강조한다. 5장은 과학 탐구의 변화를 다룬다. 인공지능은 방대한 데이터를 분석하고, 모델을 생성하며, 실험 설계까지 지원하면서 과학 연구의 방식을 근본적으로 재편하고 있다. 실제로 2024년 노벨 물리학상과 화학상의 수상 업적은 인공지능이 과학의 발전을 견인하는 핵심 동력으로 자리 잡았음을 보여 주었다. 따라서 학교 과학 교육에서도 절차적 학습을 넘어 데이터 리터러시를 강화해 나가야 한다. 6장은 학교 밖 학습 공간에 주목한다. 과학관과 박물관과 같은 공간은 이미 중요한 학습의 장이며, 인공지능은 이를 더욱 확장하고 있다. 학생들은 학교 밖 학습 공간에서 실제 문제 해결에 참여하는 경험을 통해 배움을 확장시킬 수 있으며, 인공지능은 이 과정에서 학습을 매개하고 연결하는 중요한 도구로 기능한다. 7장은 위험 대응을 다룬다. 인공지능은 편향, 개인정보 침해, 불투명성, 노동시장 변화 등 다양한 위험을 동반한다. 교육은 이러한 위험을 회피하기보다 학생들이 이를 인식하고 평가하며 대응하는 능력을 기르도록 지원해야 한다. 인공지능이 열어주는 가능성이 큰 만큼, 그에 수반되는 위험을 다루는 역량 역시 초·중등 교육에서 강조되어야 한다. 이는 인공지능 시대를 살아갈 미래 시민에게 필수적인 역량이며, 교육이 감당해야 할 중요한 과제다.

8장과 9장은 교육의 주체에 집중하여 학습자와 교사의 관점에서 논의를 전개한다. 8장은 학생들이 인공지능을 어떻게 인식하고 경험하는지를 탐구하며, 단순한 기술 활용을 넘어 비판적 이해와 책임 있는 사용을 강조한다. 9장은 교사의 전문성에 주목한다. 인공지능 시대에도 교육의 질은 여전히 교사의 전문성에 달려 있으며, 교사는 학습 목표 · 활동 · 평가 · 도구를 정합적으로 설계하는 역할을 수행해야 한다. 또한 윤리적 성찰과 비판적 사고를 바탕으로 인공지능을 수업에 적절히 통합하는 전문성을 갖춰야 한다. 두 장은 인공지능 시대에도 교육의 성패를 좌우하는 핵심은 결국 사람, 즉 학습자와 교사임을 강조한다.

마지막 10장은 전체 논의를 종합하여 '교육 생태계'를 다룬다. 인공지능은 교육의 목표 · 내용 · 방법을 넘어, 제도와 정책, 학교와 지역 사회, 학습자와 교사에 이르기까지 교육 생태계 전반에 영향을 미친다. 따라서 교육은 기술의 속도를 좇는 데 그치지 않고, 인간의 성장이라는 본질적 목표를 지키면서 인공지능을 보조자로 활용하는 균형점을 찾아야 한다. 10장은 인공지능 시대 교육이 지향해야 할 원칙과 방향을 정리하며, 인공지능과 교육을 둘러싼 여러 쟁점을 통합적으로 제시한다. 나아가 공론의 장이 활발하더라도 그 논의가 방향을 잃지 않도록 하기 위해서는 기술이 만들어진 본래의 목적과 설계 의도에 대한 이해가 출발점이 되어야 함을 분명히 한다. 인공지능은 인간이 설계한 창조물이며, 그 올바른 사용은 설계자의 의도와 책임의 틀 안에서 비로소 질서를 갖춘다. 창조된 대상이 스스로 주인이 되려 할 때 질서는 무너진다. 교육 생태계는 원칙 있는 거버넌스를 통해 이러한 질서를 정착시켜야 한다.

이처럼 각 장은 독립적이지만 전체적으로는 '거시적 틀(교육 체제)→핵심 키워드(리터러시, 맞춤형 학습)→교육 현장의 변화(창의성, 과학 탐구, 학교 밖 학습, 위험 대응)→교육의 주체(학습자, 교사)→종합(교육 생태계)'의 흐름으로 구성되어 있다. 따라서 독자는 처음부터 끝까지 읽으면서 인공지능과 초·중등 교육의 전체 지형을 구조적으로 이해할 수 있고, 필요하다면 특정 장을 단독으로 읽으면서 핵심 쟁점을 파악할 수도 있다.

각 장은 서로 다른 주제를 다루지만 공통적으로 독자에게 실제적인 시사점을 제공하고자 한다. 정책 입안자에게는 제도와 거버넌스 설계의 기준을, 교사에게는 수업과 학습 환경 재구성의 아이디어를, 학부모와 학생에게는 인공지능을 균형 있게 바라볼 수 있는 통찰을 제공하는 것을 목적으로 한다. 독자는 이 책을 통해 인공지능이 교육에 가져올 기회와 위험을 함께 성찰하며, 자신의 맥락에 맞는 적용 가능성을 발견할 수 있을 것이다.

이 책은 인공지능의 기술적 원리를 해설하기보다 교

육적 의미와 사회적 맥락을 균형 있게 조망하는 데 초점을 두었다. 따라서 이 책이 인공지능 시대 초·중등 교육의 방향을 탐색하는 데 유용한 지침이 되기를 바란다. AI 시대에도 교육은 궁극적으로 인간의 성장을 지향해야 하며, 이 책이 그 지향점을 확인하고 함께 미래 교육의 방향을 설계하는 작은 출발점이 되기를 기대한다.

참고문헌

홍옥수 외(2021). "인공지능(AI) 초등수학수업 지원시스템 개발 및 운영방안 연구". 교육부(발간번호: 11-1342000-000702-01).

Inside Higher Ed.(2023.6.21). Building a new model for teaching and learning.
https://www.insidehighered.com/opinion/columns/online-trending-now/2023/06/21/building-new-model-teaching-and-learning

OECD(2023). Opportunities, guidelines and guardrails on effective and equitable use of AI in education. OECD Publishing.

World Economic Forum(2016). The Future of Jobs: Employment, Skills and Workforce Strategy for the Fourth Industrial Revolution. World Economic Forum.

01
인공지능과 교육 체제

인공지능의 확산은 교육 체제 전반을 근본적으로 재편할 것을 요구하고 있다. 각국은 서로 다른 전략을 취하고 있으나, 공통적으로 인공지능을 안전하게 수용하면서 학생의 학습권을 보장하고, 교사의 전문성을 강화하며, 학교의 자율성을 존중하려는 방향을 모색하고 있다. 이러한 흐름은 교육이 단순한 기술 도입을 넘어 미래 사회를 대비하는 체제로 전환되고 있음을 보여 준다.

기후 위기와 인공지능?

국제 동향: 주요국의 정책과 전략

인공지능은 이제 교육 현장에서 단순히 새로운 도구로 다루어지는 수준을 넘어, 교육의 목표와 내용, 방법 전체를 다시 설계하게 만드는 요인으로 자리 잡고 있다. UNESCO(2021)는 인공지능이 학습 효율을 높이는 도구를 넘어 교육 체제 전반을 재구성할 잠재력을 갖고 있다고 진단한 바 있다. 이어 생성형 인공지능의 확산 속에서 교육은 "왜 배우는가, 무엇을 배우는가, 어떻게 배우는가"라는 근본적 질문을 다시 제기해야 한다고 강조하면서 사람 중심의 활용, 책임성과 투명성, 데이터 보호와 같은 안전장치가 필수적이라고 권고하였다(UNESCO, 2023). OECD(2023) 역시 인공지능을 포함한 디지털 교육이 지속가능하게 발전하기 위해서는 각국의 정책이 기회(opportunities), 지침(guidelines), 가드레일(guardrails)의 균형 속에서 설계되어야 한다고 강조하였다. 즉, 맞춤형 학습과 새로운 피드백 방식 같은 '기회'를 탐색하되, 학교와 교사가 따를 수 있는 '지침'을 제공하고, 데이터 보호 · 저작권 · 편향 방지와 같은 '가드레일'을 통해 안전성을 확보해야 한다는 것이다.

이러한 인식을 토대로 주요 국가들은 서로 다른 방식으로 정책을 설계하고 있다. 미국은 법적 기반과 현장 지침을 병행하는 전략을 취한다. 2020년 「국가 인공지능 이니셔티브 법」을 통해 백악관 산하에 '국가 인공지능 이니셔티브 사무국'을 설치하고, '국가 인공지능 연구자원(NAIRR)' 구축과 표준 · 윤리 지침 개발을 제도화하였다(United States Congress, 2020). 이어 교육부는 "인공지능과 교수 학습의 미래" 보고서에서 인공지능이 교사를 대체하는 기술이 아닌 전문성을 증폭하는 도구라는 점을 명시하면서 데이터 보호 · 형평성 · 평가 무결성 같은 안전장치를 제시하였다(U.S. Department of Education, 2023). 더 나아가 2025년 대통령 행정 명령 "미국 청소년을 위한 인공지능 교육 촉진"을 통해 인공지능 교육 전담 조직 설치, 교사 연수 확대, 국가 차원의 교육 기준 마련, 대통령 AI 챌린지 운영 등을 지시하였다(The White House, 2025).

영국은 윤리와 증거 기반 접근을 강조한다. 교육부는 "교육에서의 생성형 인공지능" 보고서에서 인공지능 도입에 따른 교사의 업무 경감, 자료 개발, 맞춤형 피드백 등 긍정적 기회를 인정하면서도 데이터 보호, 평가의 무결성, 저작권, 편향 방지를 학교 차원에서 반드시 준수해야 할 안전장치로 규정하였다(Department for Education, 2025). 또한 에듀테크 효과를 검증하기 위한 증거 기반

파일럿을 운영해 우수 사례를 확산하고 있다.

중국은 국가가 주도하는 하향식(top-down) 모델이 특징적이다. 2017년 발표한 "차세대 인공지능 발전 계획"은 2030년까지 AI 강국 도약을 국가 전략으로 명시하고, 교육 · 인재 양성을 핵심 축으로 제시했다(State Council of China, 2017). 이 전략을 인프라로 구체화한 사례가 2022년 3월 정식 출범한 국가 스마트교육 플랫폼(www.smartedu.cn)이다. 이 플랫폼은 국가 차원의 공공 교육 서비스를 제공하도록 설계되었으며, 전국 단위 학생 · 교사를 대상으로 표준화된 디지털 자원을 공급하고 있다. 2022년에는 교육과정 개정으로 '정보 과학 · 기술'이 독립 교과가 되었으며, 2025년에는 생성형 인공지능의 수업 대체를 금지하는 조치와 함께 초 · 중 · 고 전 단계를 아우르는 인공지능 교육 체계를 구축하겠다는 정책 문서를 발표하기도 했다.

소규모 국가들의 민첩한 대응 전략도 주목할 만하다. 싱가포르는 "에듀테크 마스터플랜 2030"을 통해 인공지능 기반 맞춤형 학습 시스템을 단계적으로 도입하고 있다. 특히 '찾기, 생각하기, 적용하기, 창조하기(Find, Think, Apply, Create)'라는 디지털 리터러시 프레임워크를 교육과정 전반에 반영하여, 학생들이 단순한 도구 사용을 넘어 정보를 탐색하고, 비판적으로 사고하며, 적용하고, 창조하는 역량을 기를 수 있도록 지원하고 있다(Ministry of Education Singapore, 2025). 에스토니아는 "인공지능 립 2025(AI Leap 2025)" 프로그램을 통해 전국 단위로 고등학교와 직업 교육 기관에 인공지능 도구를 배포하고 있다. 에스토니아는 1990년대부터 "타이거 립(Tiger Leap)" 정책을 통해 학교 인터넷망 구축과 교사 디지털 역량 강화를 선도적으로 추진한 경험이 있으며, 이를 토대로 민관 협력과 빠른 정책 실행을 강조하며 지속 가능한 인공지능 교육 생태계를 구축하고 있다.

이처럼 세계 주요국은 서로 다른 전략을 취하고 있지만, OECD(2023)가 제시한 '기회-지침-가드레일'의 틀이 공통적으로 적용된다고 할 수 있다. 맞춤형 학습, 교사의 전문성 강화, 새로운 교육 모델과 같은 '기회'를 적극 모색하는 동시에, 학교와 교사가 따를 수 있는 '지침'을 마련하고 있으며, 동시에 데이터 보호, 편향 방지, 저작권과 같은 '가드레일'을 엄격히 세워 교육의 안전성을 확보하려 한다. 이 같은 국제적 흐름은 인공지능이 단순한 기술 혁신이 아니라, 교육 목표와 구조 자체를 재설계하는 전환점임을 분명히 보여 준다.

한국의 대응: 법·정책·교육과정의 전환

한국은 인공지능을 초 · 중등 교육에 체계적으로 통합하는 데 비교적 이른 시기부터 속도감 있게 움직여 왔다. 특히 법적 기반을 공고히 하여 원칙을 분명히 하고, 국가 정책을 통해 실행과 투자를 지원하며, 교육과정 개정으로 학습 경험을 재구성한다는 점이 특징적이다. 이는 단발적 사업이 아니라 교육 체제의 재설계를 전제로 한 접근이라 할 수 있다.

먼저 법적 기반이다. 2018년부터 시행된 「과학 · 수학 · 정보교육 진흥법」은 과학 · 수학 · 정보 및 융합 교육을 국가의 중장기 계획으로 추진할 근거를 마련해 교과서 · 교재 개발, 교원 연수, 융합인재교육(STEAM)을 지원해 왔다. 또한 2026년 시행되는 「인공지능 발전과 신뢰 기반 조성 등에 관한 기본법」은 국가와 지자체의 책무, 신뢰성 · 안전성 확보, 표준화, 인재 양성 등을 포괄하여 학교 현장에 필요한 안전장치와 촉진 장치를 함께 제공한다. 인공지능의 교육 현장 도입을 법적 울타리 안에서 진행할 제도적 조건이 갖춰진 셈이다.

정책은 두 축을 중심으로 추진된다. 첫째, 5년 주기의 "과학 · 수학 · 정보 · 융합 교육 종합 계획"이다. 2020~2024 계획은 '지능 정보 사회의 소양을 갖춘 선도 인재

양성'을 비전으로 교과 혁신, 융합 프로젝트, 교원 전문성, 학습 공간 개선을 종합적으로 추진했다. 2025~2029 계획은 이를 '수업 혁신-맞춤형 성장 지원-저변 확대'로 고도화하여 탐구 · 프로젝트 · 데이터 활용 중심 수업의 일상화, AI · 디지털 기술 기반의 학생 · 교원 맞춤 지원, 학교 · 지역 · 대학 · 기업 · 연구소 등을 잇는 네트워크형 학습 생태계를 제시한다(교육부, 2024). 둘째, 범정부 차원의 디지털 전환 패키지다. "디지털 인재 양성 종합 방안"은 2022~2026년 디지털 인재 100만 명 양성을 목표로 제시하면서, 초 · 중등 단계에서 보편적 디지털 소양과 AI · SW 기초를 강화하고 교사 수급 · 연수 · 전문성 경로를 재설계한다는 계획을 제시했다(관계 부처 합동, 2022). 이후 교육부(2023)는 "디지털 기반 교육 혁신 방안"을 수립하면서 학생들이 학습 목표 · 역량 · 속도에 맞는 맞춤형 학습에 참여하고, 교사-학생의 인간적 연결이 유지되는 체제를 제안했다. 이러한 정책은 기술 도입을 넘어 수업의 구조와 경험을 바꾸는 데 초점을 맞춘다. 최근에는 인공지능 3강 도약을 위해 혁신 인재 · 융합 인재 등 다층적인 인공지능 인재의 성장을 지원하기 위한 "모두를 위한 AI 인재 양성 방안"을 발표하기도 했다(교육부, 2025).

교육과정의 변화는 이 정책들을 교실로 연결하는 핵심 고리라 할 수 있다. "2022 개정 교육과정"은 미래 사회의 불확실성에 대응하는 핵심 역량으로 '언어 · 수리력'과 함께 '디지털 · 인공지능 기초 소양'을 제시하고, '디지털 · 인공지능 기반의 교실 수업 개선'을 주요 방향으로 제시하였다(교육부, 2022). 교과 차원에서는 인공지능 · 빅데이터 등 첨단 디지털 혁신 기술을 이해하고 활용할 수 있도록 초 · 중학교 정보 수업 시수를 확대하고, 정보 교과 역량으로 컴퓨팅 사고력, 디지털 문화 소양, 인공지능 소양을 제시했다. 고등학교에서는 '인공지능 기초', '데이터 과학'과 같은 과목이 편성되었다. 과학 교과는 지능형 과학실과 같은 디지털 · AI 교육 환경을 이용한 데이터 기반의 과학 탐구를 강화했고, 수학 교과는 공학 도구 활용을 확대하는 동시에 고등학교 '인공지능 수학' 과목을 편성하여 빅데이터, 데이터 처리, 예측 · 최적화 등의 내용을 반영했다. 정책-교육과정-수업이 현장 실행으로 연결되도록 의도한 설계라 할 수 있다.

종합하면, 한국의 대응은 두 가지로 요약된다. 첫째, 법-정책-교육과정의 정합성을 통해 기회 · 지침 · 가드레일의 균형을 지향한다. 이는 인공지능을 학교에 도입하되 학생의 학습권을 최우선으로 보장하고, 동시에 교사의 전문적 판단과 학교의 자율 · 책무를 함께 지키려는 설계로 해석된다. 둘째, 교과 차원에서 과학 · 수학 · 정보가 인공지능 시대 학습을 견인하는 엔진으로 작동한다. Hong(2022)은 한국의 STEM/STEAM 정책 · 연구 · 실행을 종합하며, 과학 · 수학 · 정보가 인공지능 교육을 교실에서 구현하는 핵심 축으로서 도메인 지식의 튼튼한 기반이라고 분석했다. 이러한 한국의 대응은 단순한 기술 도입을 넘어 학습권 중심의 교육 체제 전환을 지향한다는 점에서 의의가 크다. 다만 앞으로는 교원 전문성 강화, 학교 간 디지털 인프라 격차 해소, 지역 간 교육 불평등 방지와 같은 과제가 지속가능한 전환의 조건으로 남아 있으며, 이를 어떻게 해결하느냐가 정책 실행의 성패를 가를 것이다.

참고문헌

관계부처 합동(2022). "디지털 인재양성 종합방안". 관계부처 합동.

교육부(2022). "2022 개정 초·중등학교 교육과정 총론". 교육부.

교육부(2024). "과학·수학·정보·융합교육 종합계획(2025~2029)". 교육부.

교육부(2025). "모두를 위한 AI 인재양성방안". 교육부.

AI Leap. https://en.tihupe.ee

Department for Education(2025.8.12). *Generative AI in education: Guidance for schools and teachers*. UK

Government.

Hong, O.(2021). STEM/STEAM education research in South Korea. *STEM education from Asia: Trends and perspectives*, pp.211~227. Routledge.

Ministry of Education Singapore(2025). *EdTech Masterplan 2030*. Ministry of Education.

OECD(2023). *Digital education outlook 2023: Towards an effective digital education ecosystem*. OECD Publishing.

State Council of China(2017). *Next generation artificial intelligence development plan*. State Council.

The White House(2025). *Executive order on advancing artificial intelligence education for American youth*. The White House.

UNESCO(2021). *AI and education: Guidance for policy-makers*. UNESCO.

UNESCO(2023). *Guidance for generative AI in education and research*. UNESCO.

United States Congress(2020). *National Artificial Intelligence Initiative Act of 2020, H.R.6216, 116th Congress.*

U.S. Department of Education, Office of Educational Technology. (2023). *Artificial intelligence and the future of teaching and learning: Insights and recommendations*. U.S. Department of Education.

02
인공지능과 리터러시

문해력을 의미하는 '리터러시(literacy)'는 디지털과 인공지능이라는 접두어와 결합하며 지식 · 기술 · 태도 · 가치를 아우르는 확장된 의미로 사용되고 있다. 인공지능의 확산은 학생들에게 단순한 기술 습득을 넘어, 그 사회적 의미를 성찰하고 책임 있게 다룰 수 있는 역량을 요구한다. 이러한 맥락에서 '인공지능 리터러시'는 초 · 중등 교육의 핵심 과제로 부상하고 있다.

노래하는 AI 보컬?

인공지능 리터러시 개념과 국제적 논의

'리터러시(literacy)'는 문해력, 즉 읽고 쓰는 능력을 뜻하지만, 최근에는 다양한 영역과 결합해 확장된 의미로 사용되고 있다. 대표적으로 '디지털 리터러시(digital literacy)'는 디지털 기술을 이해·활용하고 비판적으로 성찰하는 역량을 포함한다. 최근에는 이를 확장해 '인공지능 리터러시(AI literacy)'를 논의하거나, 독립된 개념으로 다루기도 한다. 이 절에서는 인공지능의 원리와 사회적 함의를 이해하고 책임 있게 활용하는 지식·기술·태도·가치의 통합적 역량을 지칭하는 의미로 'AI 리터러시'를 사용한다.

유네스코(UNESCO)는 2024년 "학생을 위한 AI 역량 프레임워크(AI CFS)"에서 초·중등 학생에게 필요한 12개 역량을 제시했다(UNESCO, 2024). 이는 인간 중심 사고, AI 윤리, AI 기술과 응용, AI 시스템 설계의 네 영역과 이해-적용-창조의 세 단계를 중심으로 구성된다. 학생은 학습을 통해 알고리즘이 인간의 가치와 선택을 반영한다는 점을 이해하고, 문제 해결 과정에 AI를 활용하며, 윤리적 책임을 고려해 새로운 응용을 설계하는 단계로 나아갈 수 있다. 여기서 핵심은 학생을 단순한 사용자(user)가 아니라, 인공지능을 함께 만들어 가는 책임 있는 공동 창조자(co-creator)로 바라본다는 데 있다. 이에 더해 평등, 포용, 지속가능성과 같은 가치를 내면화하는 과정을 강조하며, AI 리터러시를 시민성 교육의 일부로 제시하기도 했다.

유럽연합 집행위원회 산하 공동 연구센터(JRC)는 2022년 "디지털 역량 프레임워크 2.2(DigComp 2.2)"를 통해 기존 디지털 역량 체계에 AI 관련 요소를 확장했으며, '정보 · 데이터 활용', '커뮤니케이션 · 협력', '디지털 콘텐츠 창작', '안전', '문제 해결'의 다섯 영역 아래 250여 개의 역량을 제시했다(Vuorikari et al., 2022). 특히 알고리즘 편향, 개인화된 검색 결과, 생성형 콘텐츠 검증 등을 새롭게 추가하여 학생들이 디지털 환경에서 마주하는 AI 기반 문제를 비판적으로 다루도록 설계되었다. 이를 통해 학생은 검색 결과가 개인 정보에 따라 달라지거나, AI가 블랙박스처럼 작동해 결과의 근거를 추적하기 어렵다는 점을 이해하게 된다.

현재 JRC는 2025년 말 발표를 목표로 DigComp 3.0을 개발 중이다(European Commission Joint Research Centre, 2025). 이번 개정은 생성형 AI 확산과 EU의 새로운 디지털 정책에 대응하기 위한 것으로, 'AI와 생성형 AI', '사이버 보안', '디지털 권리와 책임', '디지털 웰빙',

'허위 정보 대응'을 핵심 주제로 한다. 역량 영역과 숙련 수준이 보완되고 학습 결과 차원이 추가되며, AI 리터러시가 전반에 통합되는 것이 특징이다. DigComp 3.0은 기존 2.2와의 호환성을 유지하면서도 디지털 역량을 윤리적 · 지속가능한 방식으로 재정의할 전망이다.

OECD와 EU가 공동으로 추진 중인 "AI 시대 학습자를 위한 역량 강화(AILit Framework)"는 2025년 초안이 공개되었다(OECD, 2025a). 이 프레임워크는 AI 리터러시를 "AI의 본질과 작동 방식을 이해하고, 그것이 인간의 가치를 반영한 기술임을 인식하며, 사회적으로 책임 있게 활용하는 능력"으로 정의한다. 'AI와 상호작용', '협력적 창조', '활용 관리', '설계 이해'의 네 가지 영역을 핵심에 두고, 이를 통해 비판적 사고, 창의적 협업, 시민적 책임성을 기르는 것을 지향한다. 또한 책임감, 호기심, 적응성, 공감 같은 태도를 강조해 AI 리터러시를 지식과 기술을 넘어 가치 기반 역량으로 확장하는 것이 특징이다. AILit은 향후 OECD 국제 학업 성취도 평가(PISA) 2029의 '미디어 및 인공지능 리터러시(MAIL)' 영역과 연계될 예정이므로, 선언적 목표를 측정 가능한 성취로 연계하는 시도로서 의미가 크다.

이처럼 AI 리터러시는 단순한 기술적 숙련을 넘어 윤

리적 성찰, 시민적 태도, 가치 지향적 실천까지 포괄하는 방향으로 발전하고 있다. UNESCO, JRC, OECD-EU의 시도는 서로 다른 맥락에서 출발했음에도 공통적으로 AI 리터러시를 지식 · 기술 · 태도 · 가치의 통합 구조로 정의한다. 이는 각국이 AI 리터러시를 교육과정과 교사 전문성, 평가와 정책 전반에 반영해 통합적으로 재구성할 필요가 있음을 시사한다.

인공지능 리터러시와 한국의 교육과정

한국은 2022 개정 교육과정에서 '디지털 · 인공지능 기초 소양'을 미래 세대의 핵심 역량으로 명시하였다(교육부, 2022). 이는 AI 리터러시를 특정 교과에 국한하지 않고 전 교과에 걸쳐 공통 소양으로 반영하려는 시도로, 국제적 논의와 흐름을 공유한다. 교육과정 개발 당시 연구진에게는 "교과와의 관련성, 학급군 및 학년군 간 연계성 등을 고려하여 디지털 기초 소양 교육을 전 교과에 반영한다"는 지침이 내려졌다. 특히 수학, 과학, 기술 · 가정, 정보와 같이 관련성이 높은 교과는 교과의 성격과 목표, 내용 체계, 성취 기준, 교수 · 학습 및 평가 전반에 반영하도록 했으며, 관련성이 낮은 교과의 경우에도 교과의 성격에 맞추어 내용 체계와 성취 기준, 교수 · 학습 및 평가 요소에 디지털 소양을 담도록 명시하였다(민용성 외, 2022). 이러한 지침을 구체화하기 위해 디지털 기초 소양 교육의 다섯 가지 핵심 영역으로 '디지털(인공지능) 기술의 이해와 활용', '디지털 기술과 정보의 안전하고 윤리적인 사용', '디지털 의사소통과 협력', '정보의 처리와 생성', '디지털 문제 해결'이 제시되었다. 이는 학생들이 단순한 디지털 도구 활용을 넘어, 기술의 사회적 의미를 성찰하고 책임 있게 활용하는 과정을 경험할 수 있도록 하는 교육과정 설계의 기초가 되었다.

이처럼 한국의 국가 교육과정은 AI 리터러시를 모든 교과에서 체계적이고 균형적으로 다루어야 한다는 원칙 아래 개발되었다. 이는 교과별 차이를 존중하면서도 공통적으로 지향해야 할 역량을 명시함으로써, 디지털 · AI 소양을 교육과정의 선택적 요소가 아니라 구조적 기반으로 자리매김한 것이라 할 수 있다. 나아가 이러한 시도는 교사 전문성, 수업 혁신, 평가 체제 개선 등 후속 과제를 요구하면서, AI 리터러시를 지식과 기술을 넘어 태도와 가치까지 포함하는 시민적 역량으로 확장시키는 중요한 발판이 되고 있다.

인공지능 리터러시의 평가

AI 리터러시가 교육과정에 자리 잡았다 하더라도 실제로 학생들이 어떤 역량을 습득했는지를 확인하지 않으면 교육적 효과를 담보하기 어렵다. 따라서 교육과정 설계뿐 아니라 평가 체제 속에서 AI 리터러시를 어떻게 측정할 것인가를 모색하려는 시도가 이루어지고 있다. 그 대표적 사례가 OECD가 2029년 '국제학업성취도평가(Programme for International Student Assessment, PISA)'에 도입하려는 '미디어 및 인공지능 리터러시(Media & AI Literacy, MAIL)' 영역이다(OECD, 2025b).

OECD는 MAIL을 "디지털 콘텐츠와 플랫폼과 효과적이고, 윤리적이며, 책임 있게 상호작용할 수 있는 역량"으로 정의한다. 이는 학생이 디지털 및 AI 도구가 어떻게 작동하는지 이해하고, 인간이 수행하는 역할과 사회·윤리적 결과를 고려하며, 미디어 콘텐츠의 신뢰성과 목적을 비판적으로 평가하는 능력을 포함한다. 이에 따라 MAIL은 시뮬레이션 환경을 활용해 학생들이 실제와 유사한 디지털·AI 상황에서 필요한 역량을 발휘하는지를 평가하는 방식으로 실행될 예정이다.

이 시도는 OECD와 EU가 공동으로 개발 중인 AILit과 긴밀히 연결된다(OECD, 2025a). 다시 말해, 국제적 수준에서 합의된 AI 리터러시의 정의와 핵심 요소가 실제 평가 영역으로 전환되는 과정을 보여줄 전망이다. MAIL의 평가 틀은 2025년 12월 공개될 예정이며, 첫 결과는 2031년 12월 발표된다(OECD, 2025b).

MAIL 사례가 갖는 의미는 단순히 한 차례의 평가 도입에 머물지 않는다. 무엇보다 AI 리터러시가 이제 측정 가능한 교육 성취의 대상이 되고 있음을 보여 준다. 이는 지식과 기술 중심의 기존 평가 패러다임을 넘어, 학생들이 실제 디지털 · AI 환경 속에서 어떻게 사고하고 행동하는지를 평가하는 새로운 방향을 제시한다. 또한 국제적으로 합의된 프레임워크와 학업 성취도 평가가 연계됨으로써, 교육과정 · 교수 학습 · 평가 전반이 글로벌 기준 속에서 함께 논의되고 있음을 확인할 수 있다.

이는 각국 초 · 중등 교육에 중요한 시사점을 준다. AI 리터러시 교육은 선언적 목표에 머무르지 않고, 구체적이고 측정 가능한 학습 성취로 이어져야 하며, 이를 통해 학생들이 디지털 · AI 시대에 책임 있는 시민으로 성장할 수 있도록 돕는 체계적 장치가 필요하다.

참고문헌

민용성 외(2022). "2022 개정 교과 교육과정 문서 체계 지침 개발".

한국교육과정평가원.
European Commission Joint Research Centre(2025). Current developments on DigComp (2024-2025). https://joint-research-centre.ec.europa.eu/projects-and-activities/education-and-training/digital-transformation-education/digital-competence-framework-citizens-digcomp/current-developments-digcomp-2024-2025_en
OECD(2025a). Empowering learners for the age of AI: An AI literacy framework for primary and secondary education (Review draft). OECD.
OECD(2025b). PISA 2029: Media and Artificial Intelligence Literacy (MAIL) innovative domain. https://www.oecd.org/en/about/projects/pisa-2029-media-and-artificial-intelligence-literacy.html
UNESCO(2024). AI competency framework for students. UNESCO.
Vuorikari, R. et al.(2022). DigComp 2.2: The Digital Competence Framework for Citizens. Publications Office of the European Union.

03
인공지능과 맞춤형 학습

맞춤형 학습은 모든 학습자가 목표에 도달할 수 있도록 돕기 위한 교육의 오랜 이상이었다. 그러나 전통적인 수업은 학생 간의 차이를 충분히 반영하지 못해 학습 격차를 초래했다. 오늘날 인공지능 기반 맞춤형 학습은 이러한 오래된 과제를 해결할 가능성을 열며, 교육의 목표와 방법을 다시 성찰하게 만든다.

인공지능과 편향?

완전 학습에서 AI 기반 맞춤형 학습으로

교육의 역사는 모든 학생이 학습 목표에 도달할 수 있도록 돕는 방법을 찾아온 과정이라 할 수 있다. 전통적인 교실에서는 대체로 모든 학생이 같은 진도로 학습하고, 동일한 시험을 치르며, 같은 목표를 향해 나아가는 것이 당연시되었다. 그러나 실제 학습자는 배경 지식, 흥미, 학습 속도에서 큰 차이를 보이기에 누군가에게는 수업이 느리게 흘러 지루하고, 다른 누군가에게는 너무 빨라 따라가기 벅찬 상황이 벌어진다.

벤자민 블룸(Benjamin Bloom)이 제안한 '완전 학습(mastery learning)'은 이러한 문제를 해결하고자 제안된 개념이었다. 그는 학습자에게 적절한 조건과 시간이 주어지면 거의 모든 학습자가 학습 목표에 도달할 수 있다고 주장하면서, 학습 속도는 다르더라도 결과적으로 동일한 성취 수준에 도달할 수 있다는 신념을 제시하였다(Bloom, 1968). 완전 학습의 핵심은 개별 학습자의 성취 정도를 진단하고, 부족한 경우에는 보충 학습을, 충분한 경우에는 심화 활동을 제공하여 모든 학생이 완전한 이해에 이를 수 있도록 지원하는 것이다. 그러나 실제 교실에서 교사가 수십 명의 학생을 일일이 진단하고 개별 피드백을 제공하는 것은 물리적으로 불가능하기에, 완전 학습은 교육학적으로 매력적인 이상이었지만 실행은 어려운 과제로 남아 있었다.

오늘날 인공지능은 이 오래된 교육적 이상을 다시 현실로 불러들이고 있다. 인공지능은 학생 개개인의 학습 데이터를 대규모로 수집 · 분석하여 교사가 놓치기 쉬운 학습의 공백을 포착하고, 그 결과에 따라 적절한 피드백과 맞춤형 학습을 실시간으로 제공할 수 있다. 예를 들어 분수의 덧셈에서 반복적으로 실수하는 학생의 경우, 인공지능은 그 풀이 과정을 분석하여 오개념의 원인을 진단하고, 관련 개념을 설명하는 학습 자료를 제시하거나 기초적인 문제부터 다시 도전하도록 학습 경로를 재구성한다. UNESCO(2021)는 "AI 기반 적응형 학습 시스템은 학생 개인의 수행과 학습 스타일에 따라 실시간 피드백을 제공하고 학습 경로를 조정할 수 있다"고 강조하면서 이러한 시스템이 학습자의 주도성과 효율성을 동시에 높일 수 있다고 보았다.

맞춤형 학습의 구현은 '지능형 튜터링 시스템(ITS: Intelligent Tutoring Systems)'이라는 적응형 학습 기술로 구체화된다. ITS는 학습 과정을 정밀하게 추적하고 개입하는 체계로서 크게 세 가지 모델을 기반으로 한다. 첫째, '도메인 모델(Domain Model)'은 학생이 배워야 할 지식의 구조를 정의한다. 둘째, '교수 모델(Pedagogy Model)'은 그 지식을 어떤 방법과 순서로 가르칠지를 규정한다. 셋째, '학습자 모델(Learner Model)'은 학습자의 현재 성취 수준, 이전 경험, 오류 패턴 등을 담아 개별 맞춤 피드백의 토대를 제공한다. ITS는 이 세 모델을 토대로 학습 과정에서 생성되는 데이터를 실시간 수집하고 분석하여, 학생마다 다른 학습 경로를 자동으로 설계한다(Holmes et al, 2019). 구체적으로 ITS는 학생의 문제풀이 과정과 반응 시간을 기록하고, 그 안에서 드러나는 오개념과 어려움을 파악한다. 이후 단계별 힌트, 추가 설명, 보충 문제를 제공하거나 필요하면 난이도를 낮춰 다시 도전하도록 돕는다. 반대로 충분히 이해한 학생에게는 더 어려운 문제나 확장 과제를 제시해 학습의 깊이를 넓힌다. 이처럼 ITS는 학습의 각 단계에서 즉각적인 피드백을 제공하고, 학생에게 맞는 최적의 난이도를 유지해 주는 지능형 안내자라 할 수 있다.

인공지능은 교사가 직접 수행하기 어려웠던 진단과 피드백을 자동화하여, 학생에게는 즉각적이고 개별화된 지원을 제공한다. 동시에 교사는 이러한 데이터를 바탕으로 학습자의 수준을 파악하고, 토론 · 탐구 · 창의적 문제 해결 활동과 같은 고차원적 교육 활동에 더 많은 시간을 투입할 수 있다. 따라서 인공지능 기반 맞춤형 학습은 단순한 기술 혁신이 아니라, 완전 학습의 철학을 오늘날의 기술적 조건 속에서 실현해 내는 교육 혁신이라 할 수 있다.

예측·진단·추천 구조와 교육적 효과

인공지능 기반 맞춤형 학습은 주로 예측, 진단, 추천이라는 단계로 설명되는데, 실제 교실에서는 교사의 재설계 과정과 결합되어 '예측-진단-추천-재설계'의 구조로 실행된다. 먼저 '예측' 단계에서는 학생의 과거 학습 데이터를 분석하여 앞으로 어떤 어려움이 발생할 가능성이 있는지 미리 짚어낸다. 예를 들어, 받아올림 계산에서 반복적으로 실수를 한 학생이 있다면, 이후 곱셈 단원에서도 유사한 오류를 범할 확률이 높다는 점을 빠르게 파악한다. '진단' 단계에서는 학생의 풀이 경로, 반응 시간, 오류 유형과 같은 데이터를 분석하여 개념 이해 수준을 추정한다. 이를 토대로 '추천' 단계에서는 학습자에게 가장 적합한 학습 활동을 제공한다. 기초가 부족한 학생에게는 핵심 개념을 다시 설명하고 단계적 연습 문제를 제시하며, 충분히 성취한 학생에게는 심화 문제나 탐구 과제를 추천한다. 이 과정에서 인공지능은 난이도를 조정하여 학습자가 지나치게 좌절하거나 지루하지 않도록 최적의 학습 경로를 유지할 수 있다. 마지막으로 교사는 이러한 분석 결과를 바탕으로 수업을 '재설계'한다. 개별 학생 데이터뿐 아니라 집단 전체의 경향을 파악할 수 있기에 이를 반영하여 수업의 방향을 유연하게 조정할 수 있다.

이 구조가 실제로 어떤 효과를 낼 수 있는지는 한국에서 최초로 인공지능을 공교육에 도입한 사례인 '똑똑! 수학탐험대(www.toctocmath.kr)'에서 잘 드러난다(홍옥수 외, 2021). 초등 수학 수업 지원시스템으로 개발된 이 플랫폼은 교과 활동, 진단 평가, AI 추천 활동, 게임 기반 탐험 활동 등으로 구성된다. 도입 초기 연구에 따르면, 꾸준히 활용한 학교에서 특히 성취도가 낮은 학생들의 학업 성취가 크게 개선되었다는 결과가 보고되었다. 예를 들어 경북의 한 초등학교에서는 10주간 매일 아침 15분씩 활용한 결과, 하위 25% 학생들의 성취 점수가 통계적으로 유의미하게 향상되었다. 정의적 효과 또한 주목할 만한데, 이 시스템을 활용한 학생들은 수학 학습에 대한 흥미, 자신감, 학습 의욕이 높아졌음이 확인되었다. 또한 교사들은 개별 학습 상태를 한눈에 파악할 수 있어 수업 설계가 쉬워졌다고 응답했다.

최근 한국에서는 인공지능 기반 맞춤형 학습의 적용이 점차 확대되고 있다. 특히 2025년부터 영어, 수학, 정보 교과에서 AI 디지털교과서가 교육 자료로 활용되기 시작했는데, 학생들의 학습 수준을 분석하고 맞춤형 콘텐츠를 추천하기도 한다. 교사와 학생 모두가 수업 속에서 직접 인공지능의 도움을 경험할 수 있다는 점에서 이는 단순한 기술 도입을 넘어, 교실 운영 방식 자체에 변화를 가져오고 있다. 무엇보다 많은 학교에서 적극적으로 활용되고 있다는 사실은 인공지능 기반 맞춤형 학습이 더 이상 일부 시범 사례에 머무르지 않고, 현장 전반으로 퍼져가고 있음을 보여 준다. 따라서 이러한 변화를 일시적인 실험으로 볼 것이 아니라, 앞으로의 수업과 학습 문화를 어떻게 재편할지 면밀히 주목할 필요가 있다.

기술적·윤리적 쟁점과 향후 과제

인공지능 기반 맞춤형 학습은 교육의 가능성을 크게 넓히지만 동시에 새로운 기술적 · 윤리적 과제를 함께 제기한다. 무엇보다 먼저 고려해야 할 것은 데이터 편향 문제다. 인공지능은 과거 학습 데이터를 기반으로 학습하고 판단하기 때문에, 특정 지역이나 집단의 데이터가 과도하게 반영될 경우 다른 집단의 학생들에게는 왜곡된 추천을 제공할 수 있다. 이는 의도치 않게 학습 격차를 심화시킬 위험을 내포한다. 따라서 데이터 수집 단계에서부터 다양성과 대표성을 확보하고, 결과를 꾸준히 검증하는 노력이 병행되어야 한다.

개인정보 보호 또한 중요한 문제다. 인공지능 시스템은 학생들의 풀이 기록, 반응 속도, 오답 패턴 같은 민감한 학습 데이터를 수집한다. 이 과정에서 데이터 최소 수집 원칙과 보관 기간 준수, 제3자 제공 제한과 같은 기본 규범이 지켜지지 않는다면 학습자의 권리가 침해될 수 있다. 학부모와 학생이 이해할 수 있는 방식으로 어떤 데이터가 왜 수집되는지를 명확히 알리는 것도 중요하다.

또 하나의 쟁점은 교사의 전문성이다. 인공지능이 제공하는 분석 결과와 추천은 어디까지나 도구일 뿐, 이를 교육적으로 해석하고 수업에 반영하는 것은 교사의 몫이다. 교사가 데이터를 해석하지 못한다면 인공지능은 단순한 자동 채점기 이상이 되기 어렵다. 따라서 단순한 기기 사용 연수가 아니라, 실제 수업 설계와 평가에 데이터를 어떻게 활용할지에 초점을 맞춘 전문성 개발 프로그램이 필요하다.

마지막으로 인공지능의 활용이 교육의 본질적 목표와 충돌하지 않도록 해야 한다. UNESCO(2023)는 생성형

AI와 같은 도구가 인간의 사고를 확장할 수는 있지만, 결코 인간의 사고를 대체해서는 안 된다고 경고한다. 학업 성취 점수의 단기적 향상만을 목표로 할 경우, 비판적 사고나 창의성과 같은 교육의 본질적 가치가 간과될 수 있다. 따라서 인공지능은 학생이 단순히 더 빨리 정답에 도달하도록 하는 도구가 아니라, 사고를 자극하고 탐구를 지속하도록 이끄는 보조자 역할로 활용되어야 한다.

인공지능 기반 맞춤형 학습이 진정한 교육 혁신이 되기 위해서는 기술의 고도화만으로는 충분하지 않다. 데이터의 공정성과 안전, 교사의 전문성과 주도성, 그리고 교육의 본질적 목표와의 조화가 함께 확보되어야 한다. 그래야만 맞춤형 학습이 모든 학생을 위한 학습 보장에 기여하며, 더 나은 미래를 위한 보편적이고 질 높은 교육의 비전을 현실로 만들어 갈 수 있을 것이다.

참고문헌

홍옥수 외(2021). "인공지능(AI) 초등수학수업 지원시스템 개발 및 운영방안 연구". 교육부(발간번호: 11-1342000-000702-01).

Bloom, B. S.(1968). Learning for mastery. *Evaluation Comment, 1*(2), pp.1~12.

Holmes, W. et al.(2019). *Artificial intelligence in education.* Center for Curriculum Redesign.

UNESCO(2021). *AI and education: Guidance for policy-makers.* UNESCO.
UNESCO(2023). *Guidance for generative AI in education and research.* UNESCO.

04

인공지능과 창의성

인공지능의 확산은 교육 현장에서 창의성의 의미를 새롭게 조명한다. 인공지능은 아이디어 생성의 속도와 양을 혁신적으로 높일 수 있지만, 문제 발견과 가치 창출이라는 창의성의 본질은 여전히 인간 고유의 몫으로 남아 있다. 앞으로의 창의성 교육은 비판적 탐구, 실패를 통한 성찰, 협력적 경험을 강조하는 방향으로 재구성되어야 한다.

청각장애인과 AI?

창의성의 본질과 인공지능 시대의 재조명

창의성은 인간이 기존의 지식과 경험을 재구성하거나 이질적인 아이디어를 결합하여 새로운 가치를 창출하는 고차원적 인지 과정이다(Sawyer, 2011). 이는 단순히 참신한 아이디어를 만들어 내는 능력에 그치지 않고, 문제를 새롭게 정의하며 의미 있는 해결 방안을 설계하고 실행하는 역량을 포함한다(Amabile, 1988). 교육 현장에서 창의성은 학습자의 잠재력을 실현하는 핵심 목표로 자리매김해 왔으며, 변화와 불확실성이 확대되는 오늘날 그 중요성은 더욱 커지고 있다. OECD(2018)는 미래 사회의 복잡한 문제를 해결하기 위해 창의성이 필수적인 핵심 역량임을 명시하며, 학생들이 비판적으로 사고하고 새로운 가치를 창출할 수 있는 능력을 길러야 한다고 강조한다.

인공지능 시대에 들어서면서 창의성의 의미와 가치는 새롭게 조명되고 있다. 인공지능은 방대한 데이터를 분석하고, 빠른 속도로 정보를 재구성하며, 특정 조건에 맞춘 아이디어를 대량으로 생성할 수 있다. 이러한 기술은 아이디어 발산의 속도와 양을 획기적으로 높일 수 있지만, 창의성의 본질적 요소인 문제 정의, 가치 판단, 사회문화적 맥락의 해석과 같은 영역은 대체하기 어렵다. 문제를 어떻게 바라볼지, 어떤 가치를 우선할지, 어떤 맥락에서 어떤 해법이 적합한지를 판단하는 과정은 단순한 정보 처리 이상의 깊이 있는 사고를 요구한다. 따라서 초·중등 교육 현장은 인공지능이 대체할 수 없는 인간 고유의 창의적 역량에 더욱 집중해야 한다.

더욱이 인공지능이 생성한 결과물은 이미 존재하는 데이터에 기반하기 때문에, 완전히 새로운 개념적 도약이나 기존 규범을 넘어서는 혁신을 만들어 내는 데에는 본질적인 한계가 있다. 이는 창의성을 단순히 산출물의 독창성으로 한정할 것이 아니라, 아이디어를 생성해 가는 과정 전반에 담긴 탐색과 성찰까지 포함하는 개념으로 확장하여 이해해야 함을 시사한다. 특히 교육 맥락에서 창의성은 전문가 수준의 혁신적 결과를 내는 것보다 학습자가 시도하고 실패하고 반성하는 과정을 통해 사고를 점차 확장해 가는 과정 자체에 더 큰 의미가 있다.

따라서 인공지능 시대의 창의성 교육은 학생들이 인공지능이 제시하는 정보를 단순히 활용하는 수준을 넘어, 그 의미를 비판적으로 해석하고 자신만의 시각에서 문제를 재정의하며 새로운 해결책을 만들어 낼 수 있는 역량을 길러주는 데 초점을 맞추어야 한다. 인공지능이 아이디어의 양적 확산을 지원한다면, 인간은 그 과정에서 의미와 가치를 부여하는 역할을 담당하기 때문이다. 결국 이러한 상호 보완적 관계 속에서 인간과 인공지능의 능력을 결합하여 창의적 가치를 극대화하는 것이 앞으로 교육이 지향해야 할 방향일 것이다.

집단 창의성 모델과 인공지능의 확장 가능성

창의성을 개인의 심리적 특성이나 고유한 재능에 한정하는 관점은 교육 현장에서 점차 한계를 드러내고 있다. 실제 수업은 학생과 교사, 그리고 학습 환경이 상호작용하는 복합적인 맥락에서 이루어지며, 창의성 역시 이러한 맥락 속에서 발현된다. Hong과 Song(2020)은 과학 수업에서의 집단 창의성을 구조적으로 이해할 수 있는 '과학 학급 창의성(SCC: Science Classroom Creativity)' 모델을 제안한 바 있다. 이 모델은 창의성을 다섯 개 차원—학생 특성, 수업 참여, 교사 지원, 수업 환경, 창의적 행동—으로 구분하고, 이들 요소가 상호작용하며 집단의 창의성을 형성한다고 설명한다. 또한 이들은 이 다섯 차원을 측정하고 진단할 수 있는 평가 도구를 개발 · 검증하여, 교실에서의 집단 수준의 창의성을 보다 구체적으로 관찰하고 피드백할 수 있는 기반을 마련하기도 했다(Hong et al., 2022).

인공지능이 도입된 초·중등 교육 현장에서의 창의성을 논의할 때, SCC 모델은 의미 있는 분석의 틀을 제공한다. 인공지능은 교실에서의 집단 창의성을 구성하는 각 차원의 기능을 확장하여 새로운 가능성을 열 수도 있지만, 동시에 학생들의 창의성을 훼손할 위험도 내포하기 때문이다.

'학생 특성' 차원과 관련하여, AI 기반 분석 도구로 개별 학습자의 강점과 약점을 정밀하게 파악할 수 있다. 이를 바탕으로 맞춤형 과제를 설계하면 학생들은 자신의 잠재력을 발휘할 기회를 더 많이 가질 수 있을 것이다. 그러나 진단 결과에 지나치게 의존하면 창의성을 수치와 범주로 제한하는 부작용이 발생할 수 있다. 따라서 인공지능 기반의 학습자 진단은 학생이 스스로 목표를 설정하고 주도적으로 성장할 수 있도록 지원하는 보조 수단으로 사용되어야 한다.

'수업 참여' 차원과 관련하여, 인공지능 기반의 시뮬레이션, 가상 실험, 창의적 문제 해결 시나리오 등은 학생들의 몰입과 탐구를 촉진할 수 있다. 그러나 학생들이 인공지능이 제시하는 경로에만 의존하여 수업에 참여하는 부작용도 우려된다. 따라서 인공지능이 제공한 결과를 비판적으로 검토하고, 다른 가능성을 모색하도록 유도하는 질문이나 과제가 제공되어야 한다.

'교사 지원' 차원과 관련하여, 인공지능은 학습 진단과 피드백의 일부를 자동화함으로써 교사가 보다 깊이 있는 질문과 탐구에 집중할 수 있도록 도울 수 있지만, 동시에 교사와 학생 간의 정서적 상호작용을 약화시킬 수 있다. 창의성 발현에는 교사의 인지적 지원뿐 아니라 정서적 지지도 중요하므로, 교사는 인공지능을 보조적 도구로 활용하면서 학생과의 소통을 통해 인지적, 정서적 지원을 강화해야 한다.

'수업 환경' 차원과 관련하여, 인공지능 기반 협업 플랫폼은 아이디어의 공유와 협력적 문제 해결을 지원할 수 있다. 그러나 특정 알고리즘의 개입이 오히려 다양성을 제한할 수 있다는 점도 고려해야 한다.

마지막으로 '창의적 행동' 차원과 관련하여, 인공지능은 아이디어의 생성, 시각화, 시뮬레이션을 지원해 학생들이 자신의 생각을 다양한 형태로 표현하는 것을 돕는다. 하지만 더욱 중요한 것은 단순히 새로운 결과물을 많이 만들어 내는 것이 아니라, 그 결과물이 실제 맥락에서 얼마나 의미 있고 가치 있는지를 스스로 판단하는 과정이므로 여기에 집중할 필요가 있다.

이처럼 인공지능은 다양한 맥락에서 창의성을 촉진하

는 강력한 촉매가 될 수 있지만, 그 활용 방식에 따라 창의성을 위축시킬 수도 있다. 따라서 인공지능이 창의성 발현을 방해하지 않도록 비판적 활용 전략을 마련해야 하며, 이를 통해 교실은 인간과 인공지능이 협력하여 새로운 가치를 창출하는 창의적 학습 공간으로 재구성될 수 있을 것이다.

AI 시대 창의성 교육의 실천적 방향

AI 시대의 창의성 교육은 학생들이 실제로 창의성을 발휘하고 성장할 수 있는 구체적 환경을 조성하는 데 초점을 맞추어야 하며, 다음의 전략이 필요하다.

첫째, 교실은 비판적 탐구와 해석을 경험하는 장이 되어야 한다. 인공지능이 제공하는 결과물은 단순히 수용의 대상이 아니라 토론의 출발점이 되어야 하며, 학생들은 그 과정에서 타당성을 분석하고 새로운 대안을 탐색하는 경험을 쌓아야 한다. 이러한 학습 경험은 창의성을 단순한 산출물이 아니라 탐색과 성찰이 결합된 과정으로 인식하게 만들 수 있다.

둘째, 창의성 교육은 실패를 수용하는 문화를 기반으로 이루어져야 한다. 창의적 시도는 본질적으로 불확실성을 수반하며, 때로는 실패라는 결과를 낳는다. 그러나 실패는 무가치한 결과가 아니라 새로운 시도를 가능하게 하는 학습의 토대다. 켄 로빈슨(Ken Robinson)은 그의 TED 강연에서 "잘못될 수 있다는 준비가 되어 있지 않다면, 결코 독창적인 것을 만들어 낼 수 없다"고 강조하며, 실패를 두려워하지 않는 태도를 창의성의 핵심으로 제시하였다. 오늘날의 교육 시스템은 여전히 정답 중심의 평가에 치우쳐 있어 학생들이 도전적 사고를 주저하게 만드는 경향이 있다. 이러한 상황에서 인공지능이 제공하는 안전하고 평균적인 답안은 창의성 교육의 취지를 훼손할 가능성이 있다. 따라서 교사는 결과물의 완성도보다는 탐구의 과정과 실패로부터 얻은 통찰을 평가와 피드백의 중심에 두어야 하며, 학생들이 스스로 생각하고 도전하며 실패를 성장의 기회로 삼을 수 있도록 지도해야 한다.

셋째, 창의성 교육은 인간과 인공지능의 협력적 관계를 교실 안에서 체험할 수 있도록 해야 한다. 인공지능은 방대한 데이터와 계산 능력으로 아이디어의 양적 확산을 돕고, 학생들은 그 결과를 출발점으로 하여 맥락적 타당성을 판단하고 가치 있는 해결책을 설계하는 역할을 맡는다. 다시 말해, 인공지능은 창의적 도구이자 협력자이지만, 궁극적으로 의미와 가치를 부여하는 주체는 인간이다. 학생들이 이러한 역할 분담을 인식하고 경험할 수 있도록 교사는 학습 활동을 설계할 필요가 있다.

넷째, 인공지능과의 협력을 경험하는 시기에 대한 신중한 접근이 필요하다. 학생들이 충분한 역량과 자기 주도성을 갖추기 전에 인공지능을 활용하면 사고의 깊이가 얕아지거나 인공지능에 과도하게 의존하는 습관이 형성될 수 있다. 인공지능과의 협력은 창의성을 확장하는 강력한 도구이지만, 도입 시기는 학습자의 발달 수준과 학습 목표에 맞추어 단계적으로 조정되어야 한다.

결국 AI 시대의 창의성 교육의 핵심은 기술을 잘 활용하는 법을 가르치는 것이 아니라, 학생들이 창의적인 주체로 성장하도록 돕는 데 있다. 이는 인공지능의 편리함에 종속되지 않고, 인간의 고유한 창의성을 기반으로 미래를 재구성할 수 있는 힘을 길러주는 교육의 본질적 목표와 맞닿아 있다.

참고문헌

Amabile, T, M.(1988). A model of creativity and innovation in organizations. *Research in organizational behavior, 10*(1), pp.123~167.

Hong, O. & Song, J.(2020). A componential model of Science Classroom Creativity (SCC) for understanding collective creativity in the science classroom. *Thinking Skills and Creativity, 37,* 100698.

Hong, O. et al.(2022). The assessment of science classroom creativity: scale development. *International Journal of Science Education, 44*(8), pp.1356~1377.

Organisation for Economic Co-operation and Development (OECD). (2018, May 4). The future of education and skills: Education 2030. OECD.

Sawyer, R. K.(2011). *Explaining creativity: The science of human innovation.* New York, Oxford University Press.

05
인공지능과 과학 탐구

과학 탐구에서 증거와 데이터를 바탕으로 설명을 구성하고 검증하는 과정은 핵심이며, 인공지능 시대에 그 중요성은 더욱 커지고 있다. 방대한 데이터와 AI 모델은 과학 탐구의 방식을 변화시키고 있으며, 과학 교실은 데이터 리터러시에 기반한 탐구가 실천되는 공간으로서 인공지능 교육 논의를 구체화한다.

AI 콘텐츠 크리에이터?

과학 탐구와 데이터 리터러시

과학은 단순한 지식의 집합이 아니라 증거를 바탕으로 설명을 구성하고 그 타당성을 검증하는 탐구적 실천이다. 미국 국립연구협의회(NRC, 2012)는 "유초중등 과학 교육의 체계"에서 "증거에 기반해 설명을 개발하고 수정하는 활동"을 과학 · 공학 실천으로 제시하며, 과학 교육에서 증거 중심 탐구의 중요성을 강조했다. 학생이 단순히 개념을 아는 것을 넘어 증거를 활용해 주장과 논증을 전개할 수 있어야 함을 명확히 한 것이다.

이러한 관점은 OECD 국제학업성취도평가(PISA)에서도 확인된다. PISA 2025의 과학 프레임워크는 과학 소양을 세 가지 역량으로 구체화한다. 첫째는 "현상을 과학적으로 설명하는 능력", 둘째는 "탐구 설계를 구성 · 평가하고 데이터와 증거를 비판적으로 해석하는 능력", 셋째는 "과학 정보를 탐색 · 평가 · 활용하여 의사 결정과 행동에 적용하는 능력"이다(OECD, 2023). 이 세 가지 역량은 과학이 데이터와 증거를 기반으로 실제 문제 상황에 대응하는 실천적 능력을 지향한다는 점을 보여준다.

오늘날 과학 탐구에서 다루는 증거는 데이터의 형태로 축적된다. 학생들이 다루는 데이터는 수치뿐 아니라 텍스트, 이미지, 영상 등으로 확장되고 있다. 데이터는 신뢰도, 대표성, 표집 편향, 개인정보 보호, 설명 가능성과 같은 판단 기준을 수반하기 때문에 과학 탐구 활동은 데이터를 설계하고 책임 있게 다루는 경험을 제공해야 한다.

OECD는 미래 교육의 비전과 역량을 제시한 '학습 나침반(Learning Compass) 2030'에서 '데이터 리터러시'를 학습자의 인지적 '핵심 기반(core foundations)'의 하나로 규정했다(OECD, 2019). 데이터가 생활 전반으로 확장된 디지털 사회에서 학생들이 데이터와 상호작용할 수 있어야 함을 강조한 것이다. 여기서 '데이터 리터러시'는 데이터를 통해 의미 있는 정보를 도출하는 능력, 데이터를 읽고 · 다루고 · 분석하는 능력, 그리고 이를 근거로 논증할 수 있는 능력을 의미한다. 나아가 '데이터 리터러시'는 기술적 측면과 사회적 측면을 포괄한다. 기술적 측면은 학생이 데이터를 정확하게 다루고, 재현 가능한 방식으로 정리하며, 신뢰할 수 있는 형태로 제시하는 능력을 의미한다. 반면 사회적 측면은 데이터가 사용되는 맥락과 그 함의를 이해하는 차원이라 할 수 있다. 데이터가 의미 있게 제시될 때 비로소 정보가 되며, 이 정보는 메시지를 전달하고 사회적 소통을 가능하게 한다. 따라서 학생은 데이터가 의사 결정 과정에서 어떻게 활용되는지, 또 잘못 사용되었을 때 어떤 왜곡이나 불평등을 초래할 수 있는지를 성찰할 수 있어야 한다. 이러한 능력은 학생이 책임 있는 시민으로 성장하는 과정에서 필수적인 역량이라 할 수 있다.

이러한 맥락에서 '데이터 리터러시'는 과학 탐구 교육의 핵심 요소로 자리 잡고 있다. 학생들은 단순히 수치를 이해하는 수준을 넘어 데이터를 수집・분석・해석・활용하는 전 과정을 통해 과학적 증거를 다룰 수 있어야 한다. 또한 자신의 결론이 어떤 데이터와 가정에 기반하는지 설명할 수 있어야 한다. 이를 통해 학생들은 과학을 단순한 지식의 집합이 아닌 증거와 데이터에 기반한 탐구적 실천으로 경험하게 되며, 그 결과 책임 있는 과학 시민으로 성장할 수 있을 것이다.

과학 연구를 변화시키는 인공지능

현대 과학은 데이터의 규모와 복잡성이 급격히 증가하면서, 전통적 연구 방식만으로는 다루기 힘든 단계에 접어들었다. 인공지능은 방대한 데이터 속에서 패턴을 찾아내고, 과거에는 불가능했던 수준의 예측과 모델링을 가능하게 하면서 과학 탐구의 속도와 범위를 확장시키고 있다.

과거에는 관찰이나 실험이 선행되고, 이를 바탕으로 이론이 세워진 뒤 검증하는 방식이 일반적이었다. 하지만 오늘날에는 대규모 데이터가 인공지능 모델을 학습시키고, 이 모델이 새로운 가설이나 예측을 제시하며, 그 결과가 다시 실험으로 검증되어 데이터로 축적되는 순환 구조가 활발해지고 있다. 이 과정에서 데이터와 모델은 단순한 보조 도구가 아니라, 지식 생산을 견인하는 동력으로 기능한다.

이러한 변화는 2024년 노벨상 수상 사례에서도 분명히 드러난다(The Nobel Prize, 2024). 물리학상은 존 홉필드(John J. Hopfield)와 제프리 힌턴(Geoffrey E. Hinton)에게 수여되었다. 홉필드는 정보를 저장하고 재구성할 수 있는 구조를 창안하였고, 힌튼은 데이터 속성을 스스로 발견할 수 있는 방법을 발명했는데, 이는 현재 사용되는 대규모 인공신경망에서 핵심적인 역할을 한다. 이들은 물리학의 근본 개념과 방법을 활용하여 네트워크 구조를 이용해 정보를 처리하는 기술을 크게 발전시켰다고 평가받았다.

화학상은 단백질 연구 분야에 혁신적인 기여를 한 데이비드 베이커(David Baker), 데미스 허사비스(Demis

Hassabis), 존 점퍼(John Jumper)에게 수여되었다. 특히 하사비스와 점퍼는 2020년 알파폴드2(AlphaFold2)라는 AI 모델을 발표했으며, 이 모델의 도움으로 연구자들은 지금까지 확인된 2억 개에 달하는 단백질의 구조를 사실상 모두 예측할 수 있게 되었다. 노벨위원회는 이를 두고 "아미노산 서열로부터 단백질 구조를 예측한다는 50년 된 꿈을 실현"했다고 강조하였다. 실제로 알파폴드2는 항생제 내성 이해, 신약 개발, 기후 문제 해결을 위한 효소 연구, 플라스틱 분해 단백질 설계 등 다양한 분야에서 활용되고 있다.

이러한 변화는 인공지능이 더 이상 단순한 보조 도구가 아니라, 과학적 탐구의 핵심 수단으로 자리 잡았음을 보여 준다. 인공지능은 실험의 속도를 높이고, 데이터 해석의 깊이를 확장하며, 예측 모델을 통해 새로운 연구 가능성을 열어주고 있다. 과학적 질문은 여전히 연구자의 몫이지만, 인공지능은 그 질문에 답하는 과정에서 중요한 동반자가 되고 있다.

따라서 학교 과학 교육은 전통적 실험 과정에만 머물러 있을 수 없다. 데이터와 모델을 중심으로 한 탐구 경험을 제공하고, 학생들이 실제와 유사한 문제 해결 과정을 경험하는 방향으로 재구성되어야 한다.

인공지능 시대 과학 탐구 공간, 지능형 과학실

한국은 인공지능 시대 과학 탐구 교육을 구체화하기 위해 초·중등 과학 교육에서 '지능형 과학실'을 정책적으로 추진하고 있다(교육부, 2020; 2025). 지능형 과학실은 첨단 정보 기술을 기반으로 오프라인 실험실과 온라인 플랫폼(https://science-on.kosac.re.kr)을 연계하여, 학생들이 실제 데이터를 수집·분석·활용하고 탐구 과정을 공유할 수 있도록 설계된 새로운 학습 인프라다(홍옥수 외, 2022).

지능형 과학실의 구조는 크게 네 가지 축으로 구성된다. 첫째, 첨단 지능 정보 기술 기반 과학 탐구 플랫폼이다. IoT 센서, AR·VR, 시뮬레이션 도구와 같은 기술을 통해 학생들은 실제 실험과 유사한 몰입형 환경에서 데이터를 수집하고, 물리적 제약을 넘어선 과학 탐구를 경험한다. 둘째, 데이터 공유 플랫폼이다. 학생과 교사가 수집한 탐구 데이터를 실시간으로 축적·공유하여, 교사의 수업 재구성을 지원하고 학생들 간 개방적 탐구 문화를 형성한다. 셋째, 교육과정 연계 교수 학습 자료 아카이브다. 교육과정과 연계된 최신 학습 자료와 정책 문서, 탐구 과제 등이 제공되어, 학생들이 자기 주도적 탐구를 수행할 수 있도록 뒷받침한다. 넷째, 과학 탐구 학습 공동체 네트워크다. 교사와 학생이 탐구 수업, 토론, 공동 연구에 참여하며, 탐구 결과를 공유하는 학습 공동체를 촉진한다. 이 네 가지 축은 상호 연계되어 교사·학생·데이터·자료가 끊임없이 순환하는 학습 생태계를 구성한다.

지능형 과학실을 활용한 수업은 교육 현장에서 다양하게 시도되고 있다(한국과학창의재단, 2023). 예를 들어 초등학교에서는 생활 속 소음을 측정해 해결 방안을 모색하는 프로젝트가 운영되었고, 중학교에서는 메타버스를 활용한 가상 탐험을 통해 지진과 화산 현상을 분석하는 활동이 진행되었다. 고등학교에서는 AR 기반 애플리케이션을 통해 꿀벌의 생태를 관찰하고, 이를 데이터 분석과 연결하여 생태계 보전 방안을 탐구하는 수업이 이루어졌다. 이러한 수업은 학생들에게 첨단기술 활용을 넘어, 데이터에 기반한 과학 탐구와 사회적 문제 해결을 경험할 수 있는 기회를 제공하였다.

지능형 과학실은 단순히 최신 기술을 접목한 교실이 아니다. 학생에게는 데이터 리터러시를 기르는 경험을, 교사에게는 새로운 수업을 실험할 기회를, 학교에는 국가 차원의 과학 교육 정책을 실현하는 장을 제공한다. 나아가 교과 수업, 교원 연수, 정책적 지원을 유기적으로 연결하는 실행 프레임으로서, 인공지능 시대 과학 탐구 교육의 새로운 모델이 되고 있다.

참고문헌

교육부(2020). “제4차 과학 교육 종합계획(2020~2024)”. 교육부.

교육부(2025). “제5차 과학 교육 종합계획(2025~2029)”. 교육부.

한국과학창의재단(2023). “지능형 과학실 과학 탐구 교수학습자료 개발 연구”. 한국과학창의재단.

홍옥수 외(2022). “지능형 과학실의 개념과 특징”. 《한국과학교육학회지》, 42(2), 177~184쪽.

National Research Council(2012). *A framework for K-12 science education*. The National Academies Press.

OECD(2019). OECD Future of Education and Skills 2030. OECD.

OECD(2023). PISA 2025 science framework (draft). OECD.

The Nobel Prize(2024). NOBEL PRIZES 2024. https://www.nobelprize.org/all-nobel-prizes-2024/

06
인공지능과 학교 밖 학습

학교 밖 학습은 교실의 한계를 넘어 인공지능 교육의 새로운 가능성을 열어준다. 개방성과 선택의 자유, 그리고 풍부한 맥락을 지닌 학교 밖 학습 공간은 인공지능과 결합함으로써 학습자의 탐구를 촉진하고 나아가 사회적 참여를 이끄는 역동적인 융합 교육의 장으로 확장된다.

AI와 민주주의?

학교 밖 학습 맥락과 인공지능의 역할

학교 밖 학습 공간은 교실보다 풍부한 맥락을 제공한다. 과학관 · 박물관 · 도서관 같은 공간에서 학생은 설명을 듣는 수동적 존재가 아니라, 흥미를 따라 움직이고 전시물을 직접 조작하며 탐구하고, 친구와 대화를 나누며 배움을 확장하는 능동적 존재가 된다. 같은 주제를 다루더라도 의자에 앉아 강의를 듣는 경험과 열린 공간에서 자유롭게 선택하며 이루어지는 학습 경험은 전혀 다르다. 이러한 특성 때문에 학교 밖 교육은 개인의 선택과 맥락이 학습 성과를 좌우하는 자유로운 학습의 장으로 이해된다.

과학관에서의 학습 경험을 분석하기 위해 제안된 '학습경험상황도(CoDiLE: Context Diagrams of Learning Experiences)'는 학교 밖에서 이루어지는 학습의 맥락을 개인적 맥락, 사회 문화적 맥락, 물리적 맥락으로 구분한다(Hong & Song, 2013). 개인적 맥락에는 학습자의 선지식, 흥미, 선택과 통제와 같은 요인이 포함되고, 사회 문화적 맥락에는 또래와의 상호작용, 다른 관람객 및 해설사와의 관계가 연관된다. 물리적 맥락은 전시물의 내용과 디자인, 전시실의 공간적 환경을 포함한다. 중요한 점은 개별 요인의 특징이 어떠한가가 아니라, 이들 요인이 어떻게 연결되는가에 따라 학습의 성과가 달라진다는 것이다. 예를 들어, 한 학생이 빛의 원리에 대한 선지식이 부족하더라도 전시물이 직관적으로 조작할 수 있도록 설계되어 있고(물리적), 또래와 함께 탐구하며 대화를 나눈다면(사회 문화적), 부족한 지식은 오히려 호기심을 자극하여 학습을 촉진할 수 있다. 반면, 지식이 풍부하더라도 전시물이 단조롭고 상호작용이 차단되면 정의적 학습에 부정적 영향을 줄 수 있다. 이처럼 학습 경험의 질은 개별 요인의 특징보다 요인 간 연결 구조에 의해 영향을 받기 때문에 학교 밖 교육에서 맥락의 상호작용은 특히 중요하다.

인공지능은 이러한 요인 사이의 연결을 조정하고 확장하는 데 중요한 역할을 할 수 있다. 예를 들어 과학관에서 학생이 특정 전시물 앞에 오래 머물거나 같은 조작을 반복할 때, 인공지능은 이러한 행동 신호를 인식해 맞춤형 설명이나 추가 탐구 활동을 제안할 수 있다. 또한 또래와 나눈 대화를 분석해 다음에 던질 만한 질문을 제공하거나 토론을 확장하는 것도 가능하다. 나아가 증강현실을 활용해 눈에 보이지 않는 현상을 시각화함으로써 전시 공간 자체를 새롭게 경험하도록 만들 수도 있다. 이처럼 인공지능은 개인적 · 사회 문화적 · 물리적 맥락을 각각 풍성하게 함과 동시에 서로 긴밀히 연결하여 학교 밖에서 일어나는 학습 경험을 확장하는 데 활용될 수 있다.

학교 밖 인공지능 융합 교육의 실천 방향

학교 안에서 인공지능 교육은 개념, 원리, 알고리즘 구조나 윤리적 쟁점을 중심으로, 인공지능 자체를 학습 주제로 삼는 경우가 많다. 반면, 학교 밖 학습 공간에서는 인공지능이 다양한 학문과 실제 문제를 연결하는 매개로 작용하여 과학 · 예술 · 인문 · 사회 분야의 탐구로 자연스럽게 확장될 수 있다. 이는 학교 밖 학습 공간이 지닌 개방성, 선택권, 그리고 맥락적 풍부함에서 비롯된다. 이러한 특성을 토대로, 인공지능 융합 교육의 가능성을 구체적으로 이해하기 위해서는 내용 · 실행 · 공간이라는 세 차원에서 학교 밖 학습의 특징과 AI의 역할을 살펴볼 필요가 있다(홍옥수 · 권지은, 2021).

첫째, '내용'의 차원에서 학교 밖 학습은 지식의 전달을 넘어 실제 세계의 문제를 탐구 주제로 삼기에 용이하다. 기후 변화, 도시 열섬, 생물 다양성 같은 주제들은 학생이 교실 안에서는 접하기 어려운 맥락과 데이터를 포함하고 있으며, 이를 다루기 위해서는 방대한 자료와 복합적 해석이 필요하다. 이 지점에서 인공지능은 수많은 데이터를 통합·분석해 학습자가 이해할 수 있는 형태로 제시하는 역할을 할 수 있다. 예를 들어, 여름철 도심 열섬 현상을 주제로 AI가 위성 자료와 센서 데이터를 분석해 지역별 온도 분포를 실시간으로 시각화하는 콘텐츠를 제공할 수 있다.

둘째, '실행'의 차원에서 학교 밖 학습은 다양한 주체가 협력적으로 참여하는 구조로 운영될 수 있다. 대표적으로 지역 사회와 기업, 연구기관이 함께 운영하는 리빙랩 방식이 여기에 해당한다. 예를 들어 '도심 열섬 완화' 프로젝트를 리빙랩으로 운영한다면, 학생은 수집할 데이터를 기획하고, 주민은 생활 경험을 공유하며, 기업은 AI 기반 시뮬레이션 도구를 제공해 여러 대안을 검토할 수 있다. AI는 수집된 자료를 분석해 각 제안의 효과를 예측·비교하고, 이를 토대로 참여자들이 대안을 수정·보완하도록 돕는다. 이러한 순환 과정을 통해 학교 밖 학습은 단순한 체험을 넘어 협력적 융합 교육으로 발전될 수 있다.

셋째, '공간'의 차원에서 학교 밖 학습은 물리적 현장의 체험을 기반으로 하면서도 온라인 플랫폼과 결합해 확장될 수 있다. 현장에서는 전시물을 직접 조작하고 환경을 체험하는 몰입적 학습이 이루어지고, 온라인에서는 그 결과가 기록 · 공유되며 사후 성찰로 이어질 수 있으며, 인공지능은 이 두 공간의 매개체가 된다. 예를 들어 현장에서 센서를 통해 수집된 데이터가 AI에 의해 자동으로 정리되어 온라인 커뮤니티에 공유되면, 학생들은 집에서도 해당 자료를 활용해 토론이나 후속 탐구를 이어갈 수 있다. 또한 증강현실은 전시장에서 보이지 않는 현상을 드러내고, 원격 실험실은 시공간의 제약을 넘어 다양한 탐구 활동을 가능하게 한다.

이처럼 학교 밖 학습 공간은 내용 · 실행 · 공간의 차원에서 인공지능을 매개로 삼을 때, 교실에서 다루기 어려운 주제를 실질적 탐구와 사회적 실천으로 확장할 수 있다. 인공지능은 오프라인의 실제성과 온라인의 확장성을 연결하는 매개로 작동하면서 학교 밖 학습 공간을 하이브리드 융합 교육의 장으로 발전시킨다.

학교 밖 학습 공간의 인공지능 활용 사례

최근 몇 년 사이 전 세계의 박물관, 과학관, 도서관, 시민과학 플랫폼에서는 인공지능을 적극적으로 도입한 학교 밖 학습 프로그램이 시도되고 있다. 이러한 사례들은 인공지능이 단순한 기술 체험이 아니라 학습자의 경험을 풍부하게 하고, 실제 문제 해결과 사회적 참여를 촉진하는 매개로 작동할 수 있음을 보여 준다.

미국 플로리다의 '달리 미술관(The Dalí Museum)'은 2023년부터 '드림 태피스트리(Dream Tapestry)'라는 전시를 운영하고 있다. 관람객이 자신의 꿈을 텍스트로 입력하면 생성형 인공지능 '달리(DALL · E)'가 이미지를 만들어 내고, 여러 사람의 결과물이 거대한 태피스트리로 직조되어 전시장에 전시된다. '달리(DALL · E)'라는 이름은 초현실주의 화가 살바도르 달리(Salvador Dalí)와 픽사의 캐릭터 월 · 이(Wall · E)에서 따온 것으로, 달리 미술관이 이 AI를 활용한 것은 전시의 상징성을 더욱 높인다. 개인적 경험이 디지털 언어로 변환되고, 인공지능은 이를 시각화하여 관람객들 사이의 대화와 해석을 촉발한다. 전시 공간에서 개인 · 사회 · 물리적 맥락이 동시에 활성화되며, 인공지능은 경험을 매개하는 역할을 수행한다.

영국 런던의 사이언스 갤러리 런던(Science Gallery London)은 2023년부터 2024년 초까지 "AI: 후견인은 누구인가?(AI: Who's Looking After Me?)"라는 시즌 프로그램을 개최했다. 이 전시는 의료, 돌봄, 사법, 반려동물 관리 등 생활 세계의 다양한 영역에서 인공지능이 활용되는 방식을 탐구했으며, 관람객은 인터랙티브 전시와 퍼블릭 토론, 워크숍에 직접 참여할 수 있었다. AI가 제공하는 정보와 사회적 논의를 결합한 이 프로그램은 기술적 이해를 넘어 윤리적 · 사회적 성찰을 경험하도록 설계되었다. 이는 학교 밖 학습 공간이 단순한 전시장이 아니라, 시민적 담론의 장으로 확장될 수 있음을 보여 주는 사례다.

미국 시카고의 애들러 플라네타리움(Adler Planetarium)은 세계 최대의 시민 과학 플랫폼인 '주니버스(Zooniverse)'를 운영한다. 이 플랫폼에서는 시민들이 은하 사진 분류나 동물 행동 관찰과 같은 실제 연구에 참여할 수 있다. 최근에는 시민이 기여한 데이터가 머신러닝 모델 개선에 활용되고 있으며, 플랫폼은 인공지능 윤리 교육 프로그램도 함께 운영한다. 참여자는 단순한 데이터 제공자가 아니라 과학 연구와 AI 알고리즘 발전에 동반 참여하는 학습자로 자리매김하며, 학교 밖 학습이 실제 과학 활동과 긴밀히 연결될 수 있음을 잘 보여 준다.

국내에서도 인공지능을 활용한 학교 밖 학습 공간이 점차 확산되고 있다. 국립중앙박물관을 비롯한 다양한 전시 공간에서는 인공지능 도슨트 로봇 '큐아이(QI)'를 운영하고 있다. 큐아이는 자율주행과 음성 인식뿐 아니라, 한국어 · 영어 · 중국어 · 일본어 등 다국어 해설, 청각장애인을 위한 수어 해설, 어린이를 위한 쉬운 해설까지 제공함으로써 학교 밖 학습의 포용성을 확장한다. 또한 게임과 퀴즈 등 상호작용 기능을 통해 관람객 참여를 유도하며, 각 박물관의 전시 주제에 맞춘 맞춤형 해설을 지원한다. 또한 2025년 개관한 '서울 로봇인공지능과학관'은 로봇과 인공지능 기술을 직접 체험할 수 있는 경험을 제공한다.

이처럼 인공지능은 학교 밖 학습 공간에서 학습자의 탐구를 촉진하고 사회적 참여를 확장하는 매개로 기능하고 있다. 단순한 기술 체험을 넘어 개인적 경험을 학습으로 전환하고, 지역 사회와 연결된 문제 해결을 촉발하며, 시민적 성찰을 가능하게 하는 것이다. 앞으로 이러한 움직임은 더욱 확대되어, 학교 밖 학습 공간은 인공지능을 통해 교실에서 다루기 어려운 실제 문제와 복잡한 맥락을 교육적으로 연결하는 중요한 장으로 자리매김할 것이다.

참고문헌

서울로봇인공지능과학관. https://science.seoul.go.kr/RAIM

홍옥수·권지은(2021). "미래형 융합교육을 위한 콘텐츠 방향성 모색:

학교 밖 학습 공간을 중심으로".
《차세대융합정보서비스학회지》, 10(2), 219~229쪽.
Adler Planetarium. https://www.adlerplanetarium.org
Hong, O. & Song, J.(2013). A new method of understanding learning in science centers: Context diagrams of learning experiences. *Visitor Studies, 16*(2), pp.181~200.
Science Gallery London. https://london.sciencegallery.com
The Dalí Museum. https://thedali.org
Zooniverse. https://www.zooniverse.org

07
인공지능과 위험 대응

인공지능은 혁신을 이끄는 핵심 기술로 부상했지만, 그 이면에는 예측 불가능한 위험이 자리하고 있다. 초 · 중등 교육은 이제 단순한 기술 습득을 넘어, 인공지능이 초래할 수 있는 다차원 위험을 인식하고 대응하는 역량을 기르는 방향으로 확장되어야 한다.

AI와 애니메이션?

인공지능 시대의 위험 담론

인공지능은 더 이상 미래의 기술이 아니다. 오늘날 초·중등 교육 현장에서 인공지능은 학습자의 수행을 분석하고 진로를 예측하며, 맞춤형 학습 경로를 설계하는 실질적 도구로 활용되고 있다. 그러나 이러한 기술은 그 자체로 기회의 수단이자 새로운 불확실성과 위험을 내포하는 매개체이기도 하다. 이러한 맥락에서 인공지능의 양면성은 교육 현장에 '위험(risk)'에 대한 본격적인 논의를 요구한다.

위험은 단순히 바람직하지 않은 결과를 의미하지 않는다. 그것은 일어날 수도, 일어나지 않을 수도 있는 불확실한 사건으로, 불안의 대상이 아니라 구체적인 판단과 행동을 필요로 하는 사회적 개념이다(Hansson, 2004). 위험은 기술적 수치나 전문가의 진단만으로 규정되는 것이 아니라 인간의 가치, 경험, 인식과 긴밀하게 맞물려 있다.

오늘날 우리가 직면하는 많은 위험은 자연에서 비롯된 외부적 위협이라기보다 사회의 발전 과정에서 인위적으로 만들어진다. 이러한 '제조된 위험(manufactured risk)'은 겉으로 잘 드러나지 않고 인과적 해석을 통해서만 인식될 수 있다는 점에서 교육적 논의가 필요하다

(Pietrocola et al., 2021).

독일 사회학자 울리히 벡(Ulrich Beck)이 제시한 '위험 사회(Risk Society)' 이론은 이러한 개념을 더욱 구체화한다. 그는 현대 사회의 위험을 외부에서 주어진 것이 아니라 사회 내부의 활동이 전개되는 과정에서 생성되는 것으로 설명한다. 또한 수학적으로나 기술적으로 표현되는 위험조차도 궁극적으로는 우리가 어떤 삶을 살고자 하는가에 대한 가치 판단을 내포한다고 강조한다(Beck, 1992). 이는 위험을 단순히 기술적 관리의 대상이 아니라 인간의 삶의 방식과 가치관이 반영된 사회적 현상으로 이해해야 함을 시사한다.

인공지능은 바로 이러한 '제조된 위험'의 대표 사례다. 예측 오류, 데이터 편향, 프라이버시 침해, 자동화로 인한 일자리 위협 등은 단순한 기술 문제가 아니라 우리 사회 전반에 영향을 미치는 구조적 위험이라 할 수 있다. 따라서 인공지능 시대의 초·중등 교육은 단순히 새로운 기술을 배우고 활용하는 것을 넘어서야 한다. 미래 시민으로서 합리적이고 책임 있는 결정을 내릴 수 있도록 인공지능이 야기할 수 있는 위험을 인식하고, 평가하며, 대응할 수 있는 역량을 길러주어야 한다. 이러한 접근은 기존의 지식 중심 교육을 넘어 불확실성과 복잡성을 다루는 교육으로의 전환을 의미하며, 향후 초·중등 교육의 핵심 과제로 부각될 것이다.

인공지능 기술에 따른 복합적 위험

인공지능 기술은 의사 결정의 자동화, 데이터 기반 예측, 업무 효율성 제고 등 다양한 가능성을 열어 주었지만, 동시에 기술 구조와 사회적 활용 맥락에서 새로운 위험을 수반한다. 이러한 위험은 크게 기술 내부의 구조적 요인에서 비롯되는 위험과, 기술이 작동하는 사회적 맥락에서 발생하거나 증폭되는 위험으로 나누어 볼 수 있다.

우선, 기술 구조에서 비롯되는 위험을 살펴보자. 인공지능, 특히 딥러닝 기반 모델은 대규모 데이터를 학습해 예측과 결정을 수행하지만, 이 과정은 사용자에게 '블랙박스'처럼 보인다. 입력과 출력은 확인할 수 있으나, 그 과정은 이해하거나 개입하기 어렵다. 이로 인해 인공지능이 왜 그런 판단을 했는지 설명하기 어렵고, 문제가 생겼을 때 누가 책임을 져야 하는지도 불분명하기에 결국 사용자로부터 신뢰를 얻는 데 제약이 따른다(Gillani et al., 2023).

또한 인공지능은 훈련 데이터에 내재된 편향을 학습해, 알고리즘 설계에 반영하고 사회적 불평등을 재생산할 수 있다. 예컨대, 성별 · 인종 · 지역 등의 요소가 포함된 역사적 데이터는 차별적 요소를 포함하고 있을 가능성이 높고, 이를 기반으로 학습한 알고리즘은 교육, 고용, 복지 등의 영역에서 편향된 결과를 양산할 위험이 있다(Kizilcec & Lee, 2020).

여기에 더해, 인공지능은 대규모 연산 능력을 필요로 하며, 이로 인해 막대한 에너지와 자원을 소비한다. 대형 언어 모델의 학습과 운용에는 방대한 전력과 냉각 자원이 필요하며, 이는 환경적 지속 가능성에 대한 새로운 위협으로 작용한다.

사회적 맥락에서 발생하는 위험은 더욱 복합적이다. 대표적인 예는 자동화로 인한 노동시장 재편과 일자리 위협이다. 반복적이고 구조화된 작업은 인공지능에 의해 빠르게 대체되며, 이는 기술 접근성이 낮은 계층일수록 더 큰 피해를 입는 양극화 문제로 이어질 수 있다.

글로벌 플랫폼 기업에 의한 데이터 독점은 공공성의 침해와 권력 집중의 문제를 야기한다. 교육, 의료, 금융 등 핵심 공공 영역에서조차 이들 기업의 알고리즘에 의존하게 되는 현상은 사회적 투명성과 책무성의 약화를 초래할 수 있다.

또한 인공지능이 인간의 언어를 생성하고 감정을 모

방하는 수준에 도달하면서, 인간의 정체성에 대한 근본적인 질문도 제기된다. 초·중등 교육 현장에서 생성형 AI를 과제 작성, 평가 등에 활용할 경우, 학습의 주체가 인간인지 기계인지에 대한 경계가 흐려질 수 있다. 이로 인해 '학습'이라는 인간 중심의 교육 활동에 대한 개념적 재정의가 요구되기도 한다.

결국 인공지능은 구조적 불투명성, 알고리즘 편향, 생태적 비용, 노동의 자동화, 권력 집중, 인간 정체성의 위기 등 다차원적이고 상호 연결된 위험 체계를 형성하고 있다. 그렇기에 이러한 복합적인 위험에 대응할 수 있는 역량을 길러주는 교육이 그 어느 때보다 절실하다.

인공지능 시대, 위험 대응 역량

인공지능은 새로운 가능성과 함께 예측 불가능하고 복잡한 위험을 수반한다. 이는 사회적 판단과 대응을 요구하는 사안이기에 초·중등 교육은 인공지능 활용 능력만이 아니라 위험을 인식하고 대응하는 역량을 길러주는 방향으로 확장될 필요가 있다.

최근 과학 교육 전문가들은 '위험 대응 역량'의 함양이 중요하다고 제안한다(Hong et al., 2025). 위험을 인식하고, 평가하고, 관리를 실행하는 능력이 필요하다는 것이다.

먼저 '위험 인식'은 위험을 단순한 공포나 불안으로 받아들이는 것이 아니라, 그 형성과 작동의 원인을 과학적 근거에 기반해 이해하고 사고하는 역량을 의미한다. 위험은 막연히 피해야 할 것이 아니라, 그 구조와 맥락을 이해하고 적절히 대응해야 할 대상이다. 예를 들어, 방사선에 대한 막연한 두려움은 방사선의 종류, 작용 원리, 인체에 미치는 영향, 일상에서의 노출 수준 등을 과학적으로 학습하고 이해하면 지식 기반의 판단 대상으로 전환될 수 있다. 이처럼 위험 인식은 정서적 반응에 머무르지 않고, 위험을 이성적으로 해석하고 성찰하는 출발점이 된다. 특히 인공지능과 같은 첨단 기술의 위험은 눈에 보이지 않고 복잡하게 작동하기 때문에, 기술의 작동 원리와 사회적 파급 효과에 대한 과학적 사고력이 요구된다.

다음으로 '위험 평가'는 인식된 위험이 실제로 어느 정도의 영향을 미치며, 그것이 개인이나 사회에 어떤 수준의 우선순위를 갖는지를 판단하는 능력이다. 이는 단순한 직관이 아니라 과학적·통계적 해석 능력, 즉 '데이터 리터러시(data literacy)'를 기반으로 이루어진다. 예를 들어, '50%의 확률'이라는 표현은 그 자체로는 의미가 부족하다. 그 수치가 어떤 조건에서 산출된 것인지, 어떤 표본과 데이터에 근거했는지, 비교할 다른 지표는 없는지를 비판적으로 검토하는 사고가 뒤따라야 한다. 위험을 수치화하고 비교하고 해석하는 과정에는 단순한 계산 능력뿐만 아니라, 의미를 해석하고 맥락화하는 과학적 탐구 능력이 필수적이다. 이는 곧 학생들이 세상을 통계와 데이터로 읽어 내고, 그 안에서 신뢰할 수 있는 근거를 바탕으로 합리적인 결정을 내리는 힘을 갖추는 과정이라 할 수 있다.

끝으로 '위험 관리 실행'은 실제로 위험 상황에 마주했을 때, 적절한 조치를 취하고 대응 전략을 실행에 옮기는 능력이라 할 수 있다. 여기에는 문제를 명확히 정의하고, 다양한 해결책을 모색하며, 공동체 내에서 협력과 소통을 바탕으로 실천해 나가는 역량이 포함된다. 특히 복잡하고 정답이 없는 위험 상황에서는 하나의 해결책에 의존하기보다는, 여러 대안을 비교하고 시행착오를 거치며 전략을 조정해 나가는 능동적 태도가 필요하다. 이때 가장 핵심적인 요소 중 하나가 바로 '회복 탄력성(resilience)'이다. 회복 탄력성은 단순히 포기하지 않는 끈기를 의미하는 것이 아니라, 위기 상황에서도 상황을 분석하고, 실패로부터 학습하며, 전략을 유연하게 바꾸고 다시 시도할 수 있는 역량을 뜻한다(Chang et al.,

2025). 특히 인공지능과 같은 복잡하고 급변하는 기술 환경에서는, 예측 가능한 정답을 찾기보다는 끊임없이 판단하고 조정하는 유연한 문제 해결력이 더욱 중요한 교육적 가치가 된다.

이러한 위험 대응 교육은 특정 교과에만 국한되어서는 안 된다. 앞서 살펴본 바와 같이, 인공지능이 수반하는 위험은 과학뿐 아니라 사회, 윤리, 기술 등 다양한 교과와 긴밀하게 연결되어 있다. 따라서 각 교과의 성격과 목표에 맞는 방식으로 위험을 탐색하고 대응하는 교육적 접근이 필요하다. 이를 통해 학생들은 위험을 회피하기보다는, 그것을 인식하고 숙고하며 책임 있게 대응할 수 있는 힘을 기르게 된다.

인공지능은 더 이상 일부 전문가만 다루는 기술이 아니라, 모든 시민이 그 영향 속에서 살아가는 사회적 현실이다. 따라서 초 · 중등 교육은 단순히 인공지능을 활용하는 법을 가르치는 것을 넘어, 그 이면에 놓인 위험을 인식하고, 과학적으로 판단하며, 책임 있게 대응할 수 있는 역량을 기르는 방향으로 나아가야 한다.

참고문헌

Beck, U.(1992). *Risk society: Towards a new modernity*. Sage

Publications.

Chang, J. et al.(2025). Development and validation of an instructional model for risk response in science education. *Asia-Pacific Science Education, 11*(1), pp.229~260.

Hansson, S. O.(2004). Philosophical perspectives on risk. *Techné: Research in Philosophy and Technology, 8*(1), pp.10~35.

Hong, O. et al.(2025). Risk response competencies in science education: A Delphi study of experts. *Research in Science Education.*

Pietrocola, M. et al.(2021). Risk society and science education: Lessons from the COVID-19 pandemic. *Science & Education, 30*(2), pp.209~233.

08
인공지능과 학습자

인공지능 교육은 학습자에 대한 이해를 바탕으로 설계되어야 한다. 학습자는 학습을 이끌어 가는 주체이므로, 그들의 경험과 인식은 인공지능 교육의 방향을 설정하는 출발점이 된다. 궁극적으로 인공지능 교육은 학습자가 인공지능을 비판적으로 이해하고 협력적으로 활용하는 책임 있는 시민으로 성장하도록 돕는 과정이어야 한다.

AI와 인재 채용?

학습자와 인공지능의 관계와 역할

현재 초 · 중등 교육을 받고 있는 학생들이 성인이 되었을 때, 인공지능은 일상과 직업 세계에서 협력하는 동반자의 역할을 담당할 가능성이 크다. 학생들이 현재 교실에서 경험하는 인공지능은 수업을 보조하거나 과제를 지원하는 보조적인 수단이지만, 그들이 사회에서 활동할 때는 인공지능과 함께 일하고 의사 결정하는 것이 일상이 될 것이다. 따라서 초 · 중등 교육은 학생들이 인공지능을 잘 사용하는 것을 넘어 인공지능과 어떻게 관계 맺고 어떤 주체로 성장할 것인가에 주목해야 한다.

UNESCO는 인공지능을 교육에 활용하더라도 '사람 중심(human-centered)'이라는 원칙은 지켜져야 한다고 강조한다. 학생은 인공지능이 제공하는 결과를 수동적으로 받아들이는 존재가 아니라, 그 결과의 근거를 검증하고 상황에 맞춰 수정하거나 폐기하는 적극적이고 책임 있는 사용자가 되어야 한다는 것이다(UNESCO, 2023). OECD 역시 인공지능 시대에 교육이 지향해야 하는 핵심적인 방향은 인간과 인공지능의 협력 구조를 설계하는 것이라고 제시했다. 인간이 더 잘하는 것과 인공지능이 더 잘하는 것을 구별하고, 학습자들이 이를 바탕으로 인공지능과 협력할 수 있어야 한다는 것이다

(OECD, 2025). 이를 위해 학습자는 인공지능과 역할을 나누어 문제를 해결하는 능력을 길러야 하며, 인공지능이 제공하는 방대한 정보를 활용하되 그 의미를 부여하고 최종 판단을 내리는 책임은 인간에게 있음을 배워야 한다.

이러한 맥락에서 'AI4K12 이니셔티브'가 제안한 프레임워크는 주목할 만하다. 초 · 중등 학생이 배워야 할 다섯 가지 큰 아이디어를 ① 지각, ② 표상과 추론, ③ 학습, ④ 자연스러운 상호작용, ⑤ 사회적 영향으로 했는데, 인공지능을 인간과 함께 작동하는 지능 체계로 이해하기 위한 기초적인 틀을 제공했다(AI4K12, 2019). 예를 들어, '지각'은 컴퓨터가 센서를 통해 세상을 인식하는 과정을, '자연스러운 상호작용'은 인간과 기계가 언어 · 감정 · 사회적 신호를 주고받는 방식을 다룬다. '사회적 영향'은 인공지능이 우리가 일하고, 여행하고, 의사소통하고, 서로를 돌보는 방식을 변화시키면서 사회 전반에 긍정적 · 부정적 파급을 미친다는 점을 강조한다. 따라서 학생들은 인공지능의 원리와 기능을 이해하는 데 그치지 않고, 인공지능과 협력하며 살아가는 책임 있는 주체로 성장할 수 있어야 한다.

학생의 인공지능 인식과 경험

미래 세대를 위한 인공지능 교육을 설계하려면 학생들이 현재 인공지능을 어떻게 인식하고 경험하고 있는지에 대한 이해가 선행되어야 한다. 교육의 방향과 내용을 설계할 때 학습자의 상황을 고려하지 않으면, 교육의 목표는 선언에 그칠 수밖에 없기 때문이다.

최근 발표된 국내외 연구는 초·중등 학생들이 인공지능에 대해 높은 노출, 불완전한 이해, 불균형적 경험이라는 세 가지 특징을 동시에 보인다고 보고하고 있다. 나지연 외(2025)의 질적 연구에 따르면, 중학생들은 인공지능에 관한 정보를 학교 정규 교육뿐만 아니라 비형식 교육, 사교육, 일상생활 등 다양한 경로를 통해 접하고 있었다. 학생들은 인공지능이 우리 생활을 편리하게 하고, 정보 접근과 문제 해결을 도울 수 있다고 생각했다. 동시에 인간을 위협하거나 일자리를 줄이고, 범죄에 악용되거나 과도한 의존을 불러올 수 있다는 부정적 영향도 인식했다. 특히 인공지능에 대한 우려로서 인간을 공격할 수 있다는 위험이 가장 많이 언급되었는데, 이는 미디어와 SNS의 자극적 콘텐츠가 영향을 준 것으로 나타났다. 반면, 학교 수업에서 인공지능의 부정적 측면을 접한 학생들은 기술을 단순히 긍정적으로만 보는 것이 아니라, 사회적 · 윤리적 함의까지 고려해야 한다는 인식을 보여 주었다. 이는 학교 교육이 학생들의 인식을 균형 있게 조정하는 중요한 통로임을 시사한다.

고등학생을 대상으로 하는 설문 연구에서는 인공지능이 자신의 삶에 필요하다는 효용성에 대한 인식은 높았지만, 인공지능 자체를 배우려는 흥미는 낮고, 진로와 연결하려는 적극성도 부족한 것으로 나타났다(권다남 외, 2023). 이는 인공지능 교육이 단순히 지식을 전달하는 데 그칠 경우, 학생들이 인공지능의 필요성과 잠재력은 인식하더라도 자신의 삶과 연계시키지 못하고 피상적인 이해에만 머물 수 있음을 시사한다.

한편, 커먼센스 미디어(Common Sense Media, 2024)가 미국의 13~18세 청소년 1045명과 그들의 부모를 대상으로 조사한 결과도 주목할 만하다. 청소년의 70% 이상이 한 가지 이상의 생성형 인공지능 도구를 사용한 경험이 있었으며, 주로 글쓰기 초안 작성, 아이디어 발상, 요약 · 번역 등을 위해 사용하는 것으로 나타났다. 많은 학생들은 인공지능을 편리한 학습 보조 도구로 인식하고 있었으나, 동시에 인공지능에 대한 우려와 불안도 강하게 표출하였다. 잘못된 정보 제공, 학습 과정에서의 부정행위 가능성, 비판적 사고력 저해, 따돌림이나 편향된 콘텐츠 확산과 같은 문제들이 대표적이다. 이처럼 미국 청소년들은 인공지능의 효용성과 위험성을 동시에 인식하는 것으로 나타났다.

비슷한 시기에 진행된 영국 지스크(Jisc, 2025)의 '2024/2025 디지털 경험 인사이트 조사'에서도 유사한 양상이 드러났다. 영국의 30개 고등 교육 기관 소속 1만 5398명의 학생을 대상으로 한 조사에서, 34%의 학생이 학습 과정에서 인공지능을 사용하는 것으로 나타났으며, 23%는 소속 기관으로부터 인공지능 플랫폼을 제공받았고, 37%는 적절한 학습용 기기가 없어 학업에 지장을 받은 경험이 있다고 응답했다. 학생들은 학문적 정직성, 정보 신뢰성, 교직원으로부터의 명확하고 일관된 지침의 필요성을 강조했는데, 이는 인공지능을 활용한 학습을 위해 제도적 지원, 인프라 구축, 윤리적 규범 마련이 필요함을 시사한다.

이처럼 학생들은 국가와 연령을 막론하고 인공지능을 효율적이면서도 위험한 도구로 인식하고 경험하고 있다. 따라서 초·중등 교육은 학생들이 실생활 맥락에서 인공지능의 가능성과 한계를 탐색하며, 그 활용에 따르는 사회적 책임을 배울 수 있도록 설계되어야 한다.

인공지능 교육의 과제와 방향

학생들은 인공지능을 친숙하다고 생각하지만, 개념적 이해는 불완전하다. 편리함과 효율성을 긍정적으로 인식하면서도 불안도 함께 경험한다. 따라서 학생들이 인공지능에 대한 균형 잡힌 시각과 책임 있는 태도를 기르기 위해서는 무분별한 온라인 콘텐츠나 단편적 체험에 의존하기보다는 학교 교육을 통해 체계적으로 인공지능을 학습할 수 있어야 한다. 이를 위해서는 다음과 같은 방향이 요구된다.

첫째, 인공지능의 효용과 위험을 균형 있게 다루어야 한다. 앞서 살펴본 것처럼 많은 학생들은 미디어와 SNS를 통해 인공지능을 접하고 있으며, 접하는 콘텐츠에 따라 효용성을 지나치게 강조하거나 위험을 과장하는 경향이 나타날 수 있다. 따라서 초 · 중등 교육에서는 인공지능이 제공하는 편리함과 효율성뿐 아니라, 편향과 오남용 및 과도한 의존에서 비롯되는 위험을 함께 다루어야 한다. 학생들이 인공지능의 긍정적 가능성과 잠재적 위험을 동시에 이해할 때, 인공지능을 신중하게 활용하고 협력할 수 있는 기반이 마련된다.

둘째, 비판적 디지털 리터러시를 길러야 한다. 이는 단순히 디지털 도구를 다루는 능력이 아니라, 인공지능과 미디어 환경에서 생성된 정보의 신뢰성, 편향, 맥락을 비판적으로 분석하고 해석하는 능력을 포함한다(EDUCAUSE, 2025). 이를 통해 학생들은 가짜 뉴스, 알고리즘 편향, 데이터 윤리와 같은 이슈에 적절히 대응할 수 있으며, 인공지능을 무조건 수용하거나 과도하게 두려워하지 않고 합리적으로 활용할 수 있다.

셋째, 단순한 체험을 넘어 문제 해결 중심의 탐구 경험이 필요하다. 인공지능을 피상적 체험 수준에서만 경험할 경우, 학생들은 이를 자신의 학습, 생활, 진로와 연결하지 못한다. 그러나 지역 환경 데이터를 분석하거나, 공공 문제를 다루는 프로젝트를 수행하거나, 사회적 의사 결정을 시뮬레이션하는 활동과 같이 실제 맥락을 반영한 탐구를 통해 인공지능을 경험한다면, 학생들은 인공지능을 협력적 문제 해결의 매개로 인식하면서 활용할 수 있다.

이러한 방향이 실질적으로 작동하기 위해서는 인공지능 활용 범위, 출처 표기, 평가 기준과 같은 기준이 명확히 규정되어야 한다. 또한 교사는 학생들이 인공지능을 비판적으로 이해하고 책임 있게 활용하도록 안내하는 조정자의 역할을 수행할 수 있는 전문성이 보장되어야 한다. 이를 통해 인공지능 교육은 학생들이 미래 사회에서 인공지능과 협력하며 살아가는 책임 있고 비판적인 시민으로 성장하도록 지원할 수 있다.

참고문헌

권다남 외(2023). "인공지능(AI)에 대한 고등학생 인식 조사". 《한국자료분석학회지》, 25(6), 2473~2488쪽.

나지연 외(2025). "첨단 과학기술에 대한 중학생의 생각과 그 이유 탐색: 인공지능, 로봇의 특징을 중심으로". 《학습자중심교과교육연구》, 25(7), 771~788쪽.

AI4K12 Initiative(2019). Five big ideas in AI. AI4K12 Initiative.

Common Sense Media(2024). The Dawn of the AI Era: Teens, Parents, and the Adoption of Generative AI at Home and School. Common Sense Media.

EDUCAUSE(2025). EDUCAUSE Horizon Report: Teaching and learning edition. EDUCAUSE.

Jisc(2025). Student digital experience insights survey 2024/25. Jisc.

OECD(2025). What should teachers teach and students learn in a future of powerful AI?. OECD.

UNESCO(2023). Guidance for Generative AI in Education and Research. UNESCO Publishing.

09

인공지능과 교사

인공지능 교육은 교사의 역할에 대한 이해를 바탕으로 재구성되어야 한다. 교사는 학습 환경을 설계하고 학생의 성장을 지원하는 주체이기 때문이다. 인공지능이 교육 현장에 매개자로 등장하면서 교사는 기술을 선별하고 조정하며 교육의 본질적 가치를 지켜내는 리더로서 새로운 정체성을 요구받고 있다. 교사의 전문성은 인공지능 교육의 성패를 좌우하는 핵심 조건이다.

AI와 기자?

교사와 인공지능의 관계와 역할

인공지능이 교육 현장에 본격적으로 도입되면서 교사의 역할을 어떻게 재정립할 것인가에 대한 논의가 활발하게 전개되고 있다. 이제 교실에는 교사와 학생만이 존재하는 것이 아니라, 인공지능이 매개자로 등장했기 때문이다. 인공지능은 수업 준비, 맞춤형 피드백, 학습 데이터 분석, 행정 업무 지원에 이르기까지 교사의 활동을 폭넓게 보조한다. 이러한 변화 속에서 교사는 인공지능의 사용을 설계하고 조정하는 주체로서 새로운 정체성을 요구받고 있다.

유네스코(UNESCO, 2024)는 “학생을 위한 AI 역량 프레임워크”와 함께 “교사를 위한 AI 역량 프레임워크”를 개발했으며, 교사가 인공지능 시대에 무엇을 알고(knowledge), 무엇을 할 수 있으며(skills), 어떤 가치와 태도를 지녀야 하는지(values/attitudes)를 체계적으로 제시하였다. 이 프레임워크가 제시한 다섯 가지 역량 영역은 ‘인간 중심 마인드셋’, ‘인공지능 윤리’, ‘인공지능 기초와 응용’, ‘인공지능 교수법’, ‘전문성 개발을 위한 인공지능’이다. 먼저 ‘인간 중심 마인드셋’은 기술이 아닌 인간의 주체성을 기준으로 삼아, 인공지능이 학습자의 자율성과 관계를 약화시키지 않도록 교사가 통제와 책무성을 확보해야 한다는 점을 강조한다. '인공지능 윤리'는 비차별, 설명 가능성, 프라이버시 보호, 포용성과 같은 원칙을 실제 교육 현장에서 구현하는 능력이다. '인공지능 기초와 응용'은 데이터와 모델의 원리를 이해하고, 교과와 상황에 맞는 도구를 선정·운용하는 실천적 지식을 의미한다. '인공지능 교수법'은 수업의 목표·활동·평가 단계에서 인공지능을 정합적으로 활용하는 역량을 뜻하며, '전문성 개발을 위한 인공지능'은 교사가 인공지능을 활용해 스스로 학습을 진단·설계·반성하고, 동료와 협력적 학습 공동체를 형성하는 능력을 의미한다.

이 프레임워크는 교사의 전문성 발달을 '획득(Acquire)-심화(Deepen)-창출(Create)'의 세 단계로 제시하였다. 예를 들어, 수업에서 인공지능을 단순히 시도하는 단계에서 출발하여, 이를 통합적으로 활용한 교수 전략을 개발하고, 더 나아가 인공지능이 있기에 가능해지는 새로운 교수·학습 시나리오를 창출하는 단계로 발전할 수 있다는 것이다. 이는 교사가 단순히 기술을 활용하는 사람을 넘어, 학습 경험을 창안하는 설계자로 성장해야 함을 보여 준다.

인공지능 교육에서 교사의 역할에 주목하는 이유는 교육의 질은 교사의 질을 넘을 수 없기 때문이다.

OECD(2005)의 "교사가 중요하다(Teachers Matter)" 보고서는 학생의 학업 성취에 가장 큰 영향을 미치는 학교 요인은 교사의 질이라고 지적한 바 있다. 여기서 교사의 질은 학생의 학업 성취도와 같은 표준 지표만으로 측정되는 것이 아니라 명료하게 생각을 전달하는 능력, 다양한 학생을 위한 효과적인 학습 환경 구축, 학생과의 생산적인 관계 형성, 동료 및 학부모 등과의 협업 능력 등을 반영한다는 점을 강조하였다. 인공지능이 교육 현장에 깊숙이 들어온 오늘날에도 학습 경험의 질은 여전히 교사의 질에 달려 있다. 그렇기에 인공지능은 교사를 대체하는 존재가 아니라 교사의 전문성을 재구성하고 강화하는 도구로 활용되어야 하며, 교사는 전문성을 바탕으로 인공지능 시대의 학습 경험을 책임 있게 설계하는 주체로서의 역할을 담당해야 한다.

교사의 인공지능 인식과 경험

인공지능 교육의 성공과 실패는 기술의 성능보다 교사의 판단과 전문성에 달려 있다. 같은 도구라 하더라도 교사가 교육의 목적과 가치에 맞추어 언제, 어떻게 사용할지를 결정하느냐에 따라 결과는 전혀 달라질 수 있다. 유네스코(UNESCO, 2024)가 교사 AI 역량의 첫 번째 영역으로 '인간 중심 마인드셋'을 강조한 것도 이 때문이다. 교사의 주체성과 책무성이 확보될 때 인공지능은 학생의 성장을 돕는 방향으로 쓰일 수 있다.

최근 교사들의 인식과 실제 경험 사이에는 간극이 있음이 드러났다. 한국교육개발원(2024)의 조사에 따르면, 많은 교사들은 인공지능의 필요성과 가능성에는 공감했지만, 실제 수업 적용에서는 불안과 제약을 동시에 경험했다. 교사들은 인공지능을 교육에 활용하는 태도에서 평균 3.83점(5점 만점)의 긍정적 응답을 보였으나, 실제 준비도는 3.28점에 그쳤다. 활용하지 않는 이유로는 업무 부담 증가, 기기 관리의 어려움, 새로운 도구 학습의 번거로움 등이 제시되었다. 이는 인공지능 교육이 필요하다는 인식과 실제 현장의 준비 사이에 상당한 차이가 있음을 보여 준다.

흥미로운 점은 효과에 대한 인식이 경험 여부에 따라 달랐다는 것이다. 인공지능을 활용해 본 적이 없는 교사들은 주로 학습 이해도 향상 같은 인지적 효과를 기대했지만, 실제로 활용한 교사들은 학습 동기와 수업 만족도 같은 정의적 효과를 더 크게 체감했다고 응답했다. 반면, 활용 경험이 있는 교사일수록 학생들의 디지털 과의존이나 윤리적 문제에 대한 우려도 더 많이 제기했다. 이는 단순히 활용 경험의 양을 늘리는 것만으로는 충분하지 않으며, 인공지능 사용 과정에서 발생할 수 있는 부작용을 줄이고 교육적 효과를 높일 수 있는 제도적 지원이 필요함을 시사한다.

OECD(2021) 역시 교사가 인공지능을 교육적으로 활용하기 위해서는 단순한 기술 제공을 넘어 포괄적인 지원 체계가 마련되어야 한다고 강조한다. 구체적으로는 신뢰할 수 있는 검증된 도구의 제공, 안정적인 학교 인프라 구축, 그리고 학문적 정직성과 학습 윤리를 보장할 수 있는 명확한 규범과 지침이 필요하다. 이러한 조건이 갖추어질 때, 교사는 인공지능을 교육적 맥락에 맞게 주체적으로 활용할 수 있으며, 인공지능은 학생의 성장을 돕는 교육적 도구로 자리매김할 수 있다.

인공지능 교육을 위한 교사의 전문성

인공지능 시대의 교사 전문성은 단순히 새로운 기술을 활용하는 능력에 머물지 않는다. 수업의 목적과 가치에 맞춰 기술을 선별하고, 맥락에 맞는 학습 경험을 설계하고 개선하는 창의적 역량으로 확장되어야 한다. 인공지능 교육의 효과는 기술 자체가 아니라, 그것이 어떤 교육 목표와 맥락 속에서 어떻게 활용되는지에 따라 달라지기 때문이다.

이러한 맥락에서 인공지능 수업 설계를 위한 교사 전문성을 강조하는 관점으로 '테크놀로지 교수 내용 지식(TPACK: Technological Pedagogical Content Knowledge)'이 제안된 바 있다. 교사가 인공지능의 핵심 개념과 데이터 및 모델의 작동 원리(내용 지식), 학습 목표, 활동, 평가의 정합성(교수 지식), 적절한 도구의 선정 및 운용(기술 지식)을 긴밀히 연결하여 의미 있는 학습 경험을 구성해야 함을 강조한 것이다(Kim et al., 2021). 다시 말해 "무엇을 가르칠 것인가", "어떻게 가르칠 것인가", "어떤 도구로 구현할 것인가"를 통합적으로 설계할 수 있는 역량이 핵심이다.

한편, 인공지능 교육을 실행하기 위한 교사 전문성 개발의 효과적인 방법론으로 '디자인 싱킹(Design Thinking)'의 활용이 제안되기도 했다(Hong, under review). 디자인 싱킹은 인간 중심의 문제 해결 방법론으로서 일반적인 단계는 '공감(Empathy)', '문제 정의(Define)', '아이디어 발상(Ideate)', '프로토타입(Prototype)', '테스트(Test)'로 구성된다. 이는 교사가 학생 경험에서 출발하여 교육 현장의 문제를 새롭게 바라보고 실행 가능한 해결책을 탐색하도록 돕는 데 활용될 수 있다. 예를 들어, 인공지능

융합 교육 수업을 설계할 때 교사는 '공감' 단계에서 학생의 경험과 어려움을 탐색하고, '문제 정의' 단계에서 학습 목표와 윤리적 가이드라인을 합의하며, '아이디어 발상' 단계에서 다양한 교과와 인공지능을 결합한 수업 아이디어를 도출할 수 있다. 이어 '프로토타입'과 '테스트' 단계를 거치면서 실제 수업으로 구체화하고 피드백을 반영해 개선할 수 있다.

디자인 싱킹은 수업 설계를 넘어, 인공지능 교육을 둘러싼 평가, 윤리, 학교 운영과 같은 구조적 문제를 정의하고, 다양한 주체가 모여 함께 해결책을 모색하는 과정에도 적용할 수 있다. 이러한 경험은 교사가 단순히 기술을 전달하는 존재를 넘어, 학습 경험과 교육 환경을 총체적으로 설계하고 조정하는 전문가로 성장하도록 지원한다.

다만 교사 전문성 향상의 방향을 특정 방법론에 국한할 필요는 없다. 결국 본질은 인공지능을 교육의 목적과 가치에 맞게 판단하고 활용할 수 있는 역량을 기르는 것이다. 이를 위해 교사는 기술적 이해와 비판적 안목을 균형 있게 갖추고, 학생의 학습 경험을 중심에 두며, 변화하는 교육 환경 속에서 동료 교사와 협력적으로 학습하는 태도를 지속적으로 강화해야 한다. 또한 교사의 전문성은 고정된 기술이 아니라 성장하는 역량으로 이해되어야 하며, 제도적 지원과 학습 공동체의 협력이 뒷받침되어야 한다.

결국 인공지능 시대의 교사 전문성은 학생의 성장을 책임지는 교육적 리더십으로 확장되어야 한다. 이는 교사가 교육의 본질적 가치를 지키면서도 기술을 수단으로 삼아 학습을 혁신하는 주체로 서기 위한 핵심 조건이다.

참고문헌

한국교육개발원(2024). "KEDI Brief: AI 기반 맞춤형 교육에 대한 교사의 인식과 경험". 한국교육개발원.

Hong, O.(under review). Design thinking-based STEM teacher professional development: A Korean case study in AI convergence education.

Kim, S. et al.(2021). Analyzing teacher competency with TPACK for K-12 AI education. *KI-Künstliche Intelligenz, 35*(2), pp.139~151.

OECD(2005). *Teachers matter: Attracting, developing and retaining effective teachers.* OECD.

OECD(2021). *OECD digital education outlook 2021: Pushing the frontiers with AI, blockchain and robots.* OECD.

UNESCO(2024). *AI competency framework for teachers.* UNESCO.

10
인공지능과 교육 생태계

인공지능은 교육 생태계에 깊숙이 들어오며
교육의 가치와 방향을 어떻게 설정할
것인가라는 근본적 질문을 제기한다.
교육 생태계가 건강하게 작동하기 위해서는
인공지능의 가능성과 위험을 균형 있게
바라보고, 제도와 가치, 공적 논의를 통해
나아갈 길을 모색해야 한다.

AI와 미래 의사?

인공지능 교육을 위한 거버넌스

인공지능은 교육의 효율성과 접근성을 혁신적으로 확장시킬 수 있는 잠재력을 지니고 있다. 학습 데이터 분석을 통한 맞춤형 피드백, 학생의 자기 주도적 탐구 촉진, 교사의 행정 업무 경감 등 다양한 영역에서 긍정적 가능성이 확인되고 있다. 그러나 동시에 무분별한 도입은 심각한 위험을 낳을 수 있다. 알고리즘 편향은 기존의 사회적 불평등을 강화할 수 있으며, 데이터 보호와 프라이버시 문제는 학습자의 권리를 위협할 수 있다. 또한 교사와 학생이 인공지능에 과도하게 의존할 경우, 교육의 본질적 가치인 비판적 사고와 자율적 성장은 약화될 수 있다.

이러한 맥락에서 교육이 던져야 할 핵심 질문은 "인공지능을 교육에 도입할 것인가 말 것인가"가 아니라 "어떤 기준과 절차로 인공지능을 교육에 도입할 것인가"이며, 이 질문에 답하는 장치가 바로 '거버넌스'다. 여기서 거버넌스는 단순한 규제가 아니라, 인공지능이 교육에 도입되고 운영되는 전 과정을 조율하는 장치를 의미한다. 즉, 누가 어떤 기준으로 도구를 선정하고, 어떻게 사용을 감독하며, 문제가 발생했을 때 어떤 방식으로 책임을 지고 해결할지에 대한 사회적 합의와 제도적 장치를 포괄한다.

이와 관련하여 매년 발간되는 '호라이즌 리포트(Horizon Report)'는 의미 있는 시사점을 제공한다(EDUCAUSE, 2025). 이 보고서는 전 세계 고등 교육 기관과 연구 네트워크가 참여해 교육에 가장 큰 영향을 미칠 기술 · 사회 · 경제 · 환경 · 정치적 동향을 전망하는 권위 있는 보고서다. 2025년에는 인공지능 도입을 단순한 기술적 문제가 아니라 거버넌스의 문제로 제시하면서, 효과적인 인공지능 거버넌스가 마련되지 않으면 교육 현장에서의 위험이 효용을 압도할 수 있다고 경고한다. 특히 인공지능 거버넌스는 과정, 정책, 목표를 포함해야 하며, 학문적 정직성, 데이터 프라이버시, 책임 있는 사용을 보장하는 장치가 되어야 한다고 강조한다.

보고서가 제시한 핵심은 첫째, 포괄성과 유연성이다. 획일적인 규칙이나 과도하게 경직된 절차는 오히려 혁신을 가로막고 교사와 학생들이 비공식적 우회로를 찾게 만들 수 있다. 따라서 거버넌스는 다양한 학문 분야와 학습자의 필요에 맞게 조정될 수 있는 탄력적 프레임워크여야 한다. 둘째, 다양한 이해관계자의 참여가 필요하다. 교수자와 행정가뿐 아니라 학생의 목소리를 제도적으로 반영함으로써, 거버넌스가 배제보다는 포용을 강화하는 방향으로 작동해야 한다. 셋째, 실천적 실행 방안이 제안되었다. AI 거버넌스의 가시성을 확보해 교사와 학생이 정책을 쉽게 확인하고 의견을 제시할 수 있도록 하고, 생성형 AI 도구와 관련된 리소스 허브를 마련하며, 승인된 도구 목록을 제공해 사용자가 혼란 없이 접근할 수 있도록 하는 것이다. 또한 강의 계획서나 수업 정책에 활용할 수 있는 표준 문구를 제공해 교사의 부담을 덜어주는 것도 실질적 대안으로 제시되었다.

궁극적으로 이 보고서는 모든 인공지능 거버넌스는 인간 중심성을 출발점으로 삼아야 한다고 강조한다. 학생 지원을 중심에 두고, 학습 도구에 대한 폭넓은 접근, 접근 가능한 기술, 지속 가능성 확보를 함께 고려할 때, 인공지능은 교육의 본질을 확장하는 기술로 활용될 수 있다.

인공지능 교육이 지켜야 할 가치

거버넌스가 제도적 장치라면, 그 안에 담겨야 할 중심 가치는 '인간 고유성'이다. Cha et al.(2020)의 연구는 인간과 기계를 비교하는 것이 사람들의 인식에 어떤 영향을 주는지를 분석했다. 연구에 따르면, 인공지능이 합리성 · 정밀성과 같은 전통적 인간의 강점을 위협한다고 인식될 때, 사람들은 정서적 반응이나 따뜻함 같은 다른 차원을 '인간만의 고유성'으로 더 강하게 평가하는 경향을 보였다. 이는 사회 심리학에서 '사회적 창의성(social creativity)' 전략이라 불리는데, 인간의 정체성이 위협받을 때 새로운 차원을 강조하며 자존감을 보정하는 방식이라 할 수 있다.

이는 교육에 중요한 시사점을 제공한다. 학생과 교사가 인공지능의 효율성과 정밀함 앞에서 인간을 열등한 존재로 인식하지 않도록 하는 것이 중요하다. 오히려 인간만이 할 수 있는 해석, 가치 판단, 윤리적 고려 등을 인공지능과 결합하여 상호 보완적인 학습으로 이끌어야 한다. 인공지능은 교육의 주체가 아니라 도구이기 때문이다.

이러한 맥락에서 캐럴 드웩(Carol Dweck, 2006)이 제시한 '성장 마인드셋(growth mindset)' 개념은 중요한 통찰을 제공한다. 성장 마인드셋은 인간의 지능과 능력이 고정된 것이 아니라 학습과 노력에 따라 발전할 수 있다는 믿음을 뜻한다. 반대로 '고정 마인드셋(fixed mindset)'은 지능을 타고난 한계로 여기고 실패를 두려움으로 받아들이는 태도를 가리킨다. 교육 현장에서 성장 마인드셋을 가진 학생은 도전을 기회로 받아들이고, 실패를 학습의 과정으로 이해하며, 장기적으로 더 높은 성취에 도달할 가능성이 크다.

인공지능 교육에서 이 개념은 더욱 중요하다. 인공지능의 빠른 성장 앞에서 고정 마인드셋을 가진 학생이나 교사는 인간이 인공지능에 뒤처질 수밖에 없다는 패배주의에 빠질 위험이 있다. 그러나 성장 마인드셋은 인공지능을 배움을 위한 협력의 대상으로 인식하게 하며, 인간이 끊임없이 배우고 성장할 수 있다는 신념을 회복시킨다. 교육이 지켜야 할 본질은 바로 이러한 태도다. 지식의 전달을 넘어 인간이 성장할 수 있다는 믿음. 이것이 AI 시대에도 결코 흔들려서는 안 될 핵심 가치다.

인공지능 교육, 던져야 할 질문들

인공지능을 교육에 도입하는 것은 단순한 효용의 문제가 아니다. 그것은 기술이 빠르게 발달하는 시대에 교육이 어떤 역할을 감당해야 하며, 인간이 그 안에서 어떤 위치에 서야 하는가에 관한 문제다. 교육 생태계가 건강하게 작동하기 위해서는 정답을 단정하기보다 질문을 던지고, 토론하며, 공동의 원칙을 세워가는 과정이 필수적이다. 이를 위해 다음과 같은 질문들에 대해 논의할 것을 제안한다.

- 인공지능에 맡겨서는 안 되는 판단은 무엇인가?
- 인공지능의 편리함이 학습자와 교사의 과의존으로 굳어지지 않도록 어떤 장치를 마련할 것인가?
- 데이터는 얼마나 많이, 얼마나 오랫동안, 누구의 통제 아래에서 보관할 것인가?
- 사회적 불평등을 심화시키지 않으면서 접근성과 포용성을 어떻게 보장할 것인가?
- 교사와 인공지능의 역할은 어떻게 균형을 이룰 것인가?
- 환각과 편향과 같은 오류가 발생했을 때 이를 투명하게 다루고 수정할 체계가 준비되어 있는가?

이러한 질문은 정책 입안자나 연구자만의 과제가 아니다. 교사, 학생, 학부모, 지역 사회 모두가 함께 고민해야 할 공적 의제다. 인공지능이 교육에 깊이 자리를 잡을수록, 다양한 주체가 머리를 맞대고 답을 찾아가는 과정 자체가 중요하다. 그러나 그 논의가 방향을 잃지 않기 위해서는 기술이 만들어진 본래의 목적과 설계 의도에 대한 이해가 출발점이 되어야 한다. 창조된 대상의 올바른 사용법은 그것을 만든 이의 의도와 질서 안에서만 발견될 수 있기 때문이다.

'인공지능의 대부'로 불리며 2024년 노벨물리학상을

수상한 제프리 힌턴(Geoffrey Hinton)은 2025년 6월 한 인터뷰 영상에서 "지금 나의 가장 큰 사명은 AI가 얼마나 위험할 수 있는지를 세상에 알리는 것"이라고 밝혔다(The Diary Of A CEO, 2025). 그가 경고한 인공지능의 위험은 두 갈래다. 하나는 인간의 잘못된 사용에서 비롯되는 즉각적 위험이며, 다른 하나는 언젠가 인공지능이 인간의 통제를 벗어나 더 이상 인간을 필요로 하지 않는다고 판단할지도 모른다는 근본적 위험이다. 그러나 문제는 인공지능이 교육과 의료 등 여러 영역에서 너무나 유용하기 때문에 위험을 알면서도 멈추기 어렵다는 데 있다.

이제 교육 생태계가 해야 할 일은 분명하다. 공포에 갇히거나 무분별한 낙관에 빠지는 것이 아니라 오히려 기술이 만들어진 목적과 질서를 회복하는 일이다. 인공지능은 인간이 설계한 창조물이며, 그 사용의 방향 역시 설계자의 의도 안에서 이해되어야 한다. 창조된 존재가 스스로 주인이 되려고 할 때 질서는 파괴된다. 인공지능의 바른 사용은 인간이 자신의 위치를 잊지 않고, 자신이 만든 것을 책임 있게 다루는 데서 출발한다. 원칙 있는 거버넌스를 구축하고, 인간 고유성을 존중하는 교육을 실천하며, 비판적 질문과 사회적 논의를 통해 인공지능을 책임 있게 사용하는 길을 모색해야 한다. 그렇게 할 때 인공지능은 교육 생태계에서 배움의 지평을 넓히는 촉매가 될 수 있을 것이다.

참고문헌

Cha, Y. J. et al.(2020). Compensating for the loss of human distinctiveness: The use of social creativity under Human-Machine comparisons. *Computers in Human Behavior, 103*, pp.80~90.

Dweck, C.(2015). Carol Dweck revisits the growth mindset. *Education week, 35*(5), pp.20~24.

EDUCAUSE(2025). *EDUCAUSE Horizon Report: Teaching and learning edition 2025*. EDUCAUSE.

The Diary Of A CEO(2025.6.16). Godfather of AI: They keep silencing me but I'm trying to warn them. YouTube.

홍옥수

한국과학창의재단 미래교육지원부장으로, 과학수학교육개발실장, 소프트웨어인재육성실장, 과학영재양성센터장을 역임했다. 서울대학교 물리교육과에서 "과학 학급 창의성의 개념화 및 척도 개발" 연구로 박사학위를 받았으며, 미국 스탠퍼드대학교와 엑스플로러토리움(Exploratorium)에서 방문연구원으로 활동했다. 과학·수학·정보·융합교육 및 영재교육 등 국가교육 정책 개발에 지속적으로 참여해 왔으며, 그 공로로 교육부와 과학기술정보통신부 장관 표창을 여러 차례 수상했다. 주요 연구 분야는 창의성, 과학 탐구, 교육과정, 융합교육, 인공지능 교육, 학교 밖 교육, 위험 대응 교육 등이다. SSCI, SCOPUS, KCI 등 국내외 학술지에 다수의 논문을 발표했으며, 주요 저술로는 "지능형 과학실의 개념과 특징"(2022), "The Assessment of Science Classroom Creativity"(2022), "Risk Response Competencies in Science Education"(2025) 등이 있다. 2022년부터 인공지능융합교육대학원에서 강의하고 있다.

(웹사이트: www.researchgate.net/profile/Oksu-Hong)